18歳の著作権入門

福井健策 Fukui Kensaku

JN259711

★――ちくまプリマー新書

225

妻、そして娘たちに

目次 ＊ Contents

第二部

応用編

本書は、ＣＮＥＴ Ｊａｐａｎで連載された「18歳からの著作権入門」を加筆・修正及び再編集したものです。

はじめに

2014年4月。筆者の住む町で小さい頃から見て来た子供達も18歳の春を迎え、あるいはあこがれや不安を胸に、あるいは来年の捲土重来《けんどじゅうらい》を期して、それぞれ新生活のスタートを切りました。彼ら全員へのささやかなエールとして、ネットメディアのCNET Japanで「18歳からの著作権入門」という20回の集中連載をおこなったのが、本書の原型です。そこでは、今やメディアを賑《にぎ》わすことも多く、学校生活やネット生活などさまざまな活動で必須知識となった「著作権」を、基本からできるだけわかりやすくレクチャーしました。

幸い、この連載は好評を頂き、その内容をまとめて一冊にしたのが本書です。新書化にあたって、全体に表現や例などを変え、各章の最後にまとめの「レビュー」と「チェックテスト」を加えました。

連載時に「18歳からの」というタイトルから、「18歳未満は読んではいけない」と誤解(?)した方がいて、一部で「18禁コラム」と呼ばれたりしました。その反省から、本書は「18歳の著作権入門」と題しました。想定読者の中心は高校生以上の学生や若い社会人です。

とはいえ、それ以外の読者の方も読んで楽しめるように気を配ったつもりです。

一応、最初から読み進むことを前提に書いていますが、目次をみて興味がある章だけを拾い読みしても大丈夫です。1章は3000〜4000字ですから15分ほどで読めるでしょう。よろしければ章の終わりに「レビュー」で復習して、「チェックテスト」を解いてみてください。

では、早速はじめましょう。

※なお、初版以後のルール改正や動きを反映するため、五刷から全体に修正を加えました。また、今後重要な法改正などがあった場合には、筆者の事務所（骨董通り法律事務所）のホームページ上でも随時情報提供して行く予定です。

第一部
基礎知識編

第1章　「著作物」って何？——文章・映像・音楽・写真……まずイメージをつかもう

みなさんがネットでイラストでも動画でも、何か素材を見つけたとしますね。それをダウンロードしたり自分のブログに載せたり、使ってしまったりしていいのか。こんな疑問が著作権をめぐる旅の始まりです。

この時、最初の問いは必ず「**その素材（情報）は、著作物か？**」です。乱暴にいえば、世の中のすべての情報は、「著作物」と「著作物ではないもの」に二分されます。「著作物」だったら、「著作権法」という法律がはたらいて、著作権というものが生まれます。まあ色々面倒くさいことの始まりです。許可がないと利用できないのが原則で、勝手に使うと著作権侵害といってそれなりに重大な結果につながります。

他方、情報が著作物ではない場合、それでも「肖像権」とか「商標権」とか、ほかの権利が関わってくることはあります。ですが基本的には、自由に利用できる可能性がぐっと高まります。つまり、ある情報が著作物かどうかは、情報社会・ネット社会ではとっても大きな分かれ目です。

という訳で、ここで著作物の定義というものが登場します。厄介ですが、法律の定義を覚えて貰《もら》うのはここだけですから、どうぞ我慢してください。

著作物とは短く言えば、「思想や感情を創作的に表現したもの」です。縮めれば「**創作的な表現**」。これだけ覚えていれば現場では何とかなりますので、ここは覚えましょう！……といっても、「創作的」なんて抽象的ですね。そこで、著作権法という法律では「**著作物の例**」を9つ挙げてくれています。この例も頭に入れると仕事がとても速いので、紹介しましょう。

著作物の例
①小説・脚本・講演など
②音楽（歌詞・楽曲）
③舞踊・無言劇
④美術
⑤建築
⑥図形
⑦映画
⑧写真
⑨プログラム

まず、「①小説・脚本・講演などの文章」です。詩や短歌もここに入ります。わかりやすいですね。

次に「②音楽」です。これは解説が必要で、作詞家や作曲家が創る「歌詞・メロディ（楽曲といいます）」が著作物です。「編曲・アレンジ」もこの仲間で、いわば楽譜に書ける情報が著作物です。つまり、演奏するミュージシャンや歌う歌手が著作者なのではなくて、演奏され歌われる歌詞・楽曲の方が著作物です。それを作った人々が著作者です。

（では、歌手やミュージシャンには何の権利もないのかと言うと、著作権はありません。ただし、彼らは自分が演奏したり歌ったりした実際の「音」（実演といいます）について、「著作隣接権」という、似ているけれどもっと狭い権利を持ちます。）

③は「舞踊・無言劇」です。舞踊はダンスですね。無言劇は何かというと、パントマイムです。ここでも音楽と同じに考えますから、踊るダンサーは著作者なのではなくて、踊られる振付が著作物です。それを創りだした振付家（コリオグラファー）が著作者です。「恋するフォーチュンクッキー」ならパパイヤ鈴木ですね。ですから、振付の著作権はコリオグラファーが持つのが基本で、ダンサーが無断でステージで踊ったりすると著作権侵害になることがあります。

「④美術」は、広くビジュアルな作品はすべて含みます。絵画や彫刻のような狭い意味での「美術品」だけには限りません。イラストも美術の著作物ですし、CGもそうです。珍しいところで漫画は、①の言語と④の美術をあわせて一体化させた作品だ、などといいます。

⑤は「建築」です。これも建築芸術と言えるような創作性の高い建物は、それ自体が著作物です。何も有名なら良いというものではありませんが、安藤忠雄の「光の教会」や黒川紀《き》章《しょう》の「国立新美術館」などはその例でしょう。逆に、建売住宅は一般には建築の著作物では

ない、と言います。あれは通常、機能性を追求して作るものであって、創作的な表現ではないだろう、ということですね。

次ですが、「⑥図形」も著作物です。これにはふたつの例があって、まず設計図です。こちらはわかりますね。もうひとつの例は地図です。地図と聞くと、「いや、あれは事実をありのままに描くものであって創作じゃないんじゃない？」と思う方もいるでしょう。ところが、事実をありのままに写すだけでは地図としてあまり役に立たないのですね。その証拠に、航空写真をパチリと撮って「はい」と渡しても、たぶん目的地には行きつけません。なぜなら、画面がゴチャゴチャし過ぎているからです。我々の住む現実の世界は複雑過ぎるので、それをデフォルメしたり強調したり省

安藤忠雄「光の教会」（撮影 Bergmann ）

黒川紀章「国立新美術館」（撮影 wiiii ）

機械に創作ができないなら、サルはどうか？（上は、著作権の裁判になったサルの自撮り写真）

略したりして、やっと地図として役に立つ。そのビジュアルな工夫をすれば、そのビジュアルな工夫の部分が著作物になることもあるよ、ということですね。ですから地図なら全部著作物になるという意味ではありません。

「⑦映画」ですが、これは広く動画を含みます。劇場用映画には限りませんから、ＴＶドラマやバラエティ番組なども多くは含まれます。長編に限りませんから、ショートフィルムも映画の著作物です。ですから、私たちの身近にある最も短い映画の著作物といえば、ＴＶＣＭですね。そして実写に限りませんからアニメも含みます。

⑧の「写真」。これも創作性のあるような写真は全部含みます。よく「スピード写真は著作物じゃないよ」といいます。というのも、著作権法には従来、「機械に創作はできない」というある種の絶対命題が存在してきたのですね。ですから自動作曲や自動作画は、著作物にはならないと考えられてきました。この点は、人工知能（ＡＩ）によるコンテンツが増えて揺らいでいます。

最後に「⑨プログラム」。これはコンピュータプログラムです。TVゲームは、それ自体がプログラムの著作物ですね。加えて、最近のTVゲームはとっても動画的です。ですから、あの画面の部分に注目すると映画の著作物でもあるでしょう。

いかがでしょうか。この9つはあくまで例ですから、ぴったりどれかにはまるものがなくても、原則の定義どおり「創作的な表現」なら著作物です。でも、9つの例はとても「使いで」があります。実社会の活動の99%までは、この例を知っていれば著作物かどうかの判断が付くからです。

たとえば、短編小説があるとしましょう。我々は短編小説と聞けば、中身を見て創作性の程度を判断などしなくても、「きっと著作物だな」と想像します。そして、恐らくそれで間違えていません。なぜか。一編の短編小説をまったく創作性を込めずに執筆する方が至難の業だからです。必ずどこかに多少の独自性は出ます。逆にいえばその程度の、いわば書き手の個性の断片が現れていれば十分に「創作的」であって、著作物になるのですね。同じように、音楽CDと聞けば、中身を実際に聴いてみなくても「きっとその歌詞やメロディは著作物だな」と想像がつきますし、誰《だれ》かが動画を作ったと聞けば、かなりの確率で映画の著作物なのです。

にもかかわらず、実際にさまざまな活動をしていてふと悩む瞬間、いわば残りの1％はこの例では判断できません。という訳で、次の章ではもう少し、「いったいどんな情報が著作物なのか」を考えてみましょう。

【レビュー（1）】
・著作物（＝創作的な表現）には著作権が生まれる。
・著作物の例には、①小説・脚本・講演など、②音楽（作詞・作曲）、③舞踊（振付）、④美術、⑤建築、⑥図形、⑦映画（＝動画）、⑧写真、⑨プログラム、がある。

チェックテスト（1）

著作物とはどんな情報か。できるだけ簡潔に答えよう。

答：創作的な表現（思想又は感情を創作的に表現したもの）

第2章　著作物ではない情報（1）——ありふれた表現や社会的事件は？

第1章では、著作権が働くのは「著作物＝創作的な表現」だけだという基本をお話ししました。もっともこれでは抽象的なので、著作権法では9つの著作物の例を挙げています。ただ前章でお伝えした通り、実社会でハタと困るのはこの例では判断がつかないケースなのですね。その場合には、やはり「創作的な表現とは何か」という、意外と哲学的な問いに私たちは直面しているのです。というわけで、もう少しこの「創作的な表現」の話におつきあい下さい。

ただ、このままではやはり抽象的なので、ここでは反対から考えてみます。つまり「何が著作物ではない情報か」ということです。世の中の情報は著作物とそうでないものに大別できるといっても過言ではないと書きましたね。著作物でなければその情報を自由に利用できる可能性はグッと高まります。そこで「何が自由に利用できる情報か」という例を、5つ挙げます。これも相当使いでのある知識です。

著作物にあたらない情報① ありふれた・定石的な表現

最初は「創作的な表現」でないものだから、「ありふれた・定石的な表現」です。前章で、「一編の短編小説といえどもまったく創作性を込めずに執筆する方が至難の業」と書きました。その通りです。でも、それは小説全体を見た場合の話で、細かく分解すると、意外にパーツはありふれているのですね。

たとえば一文ごとに分解してみましょう。「少年は、背筋を冷たいものが走るのをおぼえた」という文はどうでしょうか。最初に思いついた人はすごいかもしれませんが、今やありふれていますね。よく言えば定石的です。ですから、誰《だれ》かが生まれて初めてこの文を読み、それがなんとなく印象に残っていて、10年後に自分の小説やブログを書くときに「誰々は背筋を冷たいものが走るのをおぼえた」と書く。これはもちろん問題ないわけです。

そう考えないと、我々はどんなにすぐれた小説を書こうが、十数年前に読んだいずれかの教科書や、お母さんが読み聞かせたどれかの絵本に対する著作権侵害だった、ということになりかねません。そんな風に考えたら、文化は窒息するのです。ですからそうは考えません。

そしてここに、ハタと悩む場面では「創作的な表現」という壁にぶつかっていると書いた理由があります。つまり、作品全体がいくら著作物だとしても、その一部を使いたいと思った場合、その部分が創作的な表現でなければ借りてもよいのです。つまり、使われる部分ごとに見るということです。実際、我々は普段そんな風に考えて行動していますよね。短編小説をまるごと無断で転載したらいけない気がするけれど、人の作品から学んだありふれた一文は躊躇《ちゅうちょ》なく使っているはずです。

ここで、まだ疑問は続きます。「創作的な表現とありふれた表現の境目って、どこにあるのだろう。その境界は曖昧《あいまい》な気がする」――その通りです。長さでいえば、一文だとありふれたものが多いかもしれないけれど、1頁《ページ》の塊ならたいてい何かの独創性はありますね。とすると、その間のどこかで著作物への境界線を越えたことになります。

では境界線はどこにあるのか。それは恐らく、時代や国＝地域によって若干変動します。はっきり指し示すことはできませんが、よく「高い創作性などは必要なく、最低限の**作り手の個性**が表れていれば良い」といいます。ちょっと何か描いてみましょう。

①顔か？

これは著作物でしょうか。恐らく足りません。いい人みたいだけど、ちょっと個性が足りない。ではこれならどうでしょう。

②少し加筆

少し個性らしきものが出てきたかもしれません。ではこれはどうでしょう。

③だれだキミ

恐らく、これならもう十分著作物です。出来の善し悪しは全く問われません。よく「子供の落書きでも著作物」と言います。子供に失礼な言い方ですが、まあ筆者の落書きも何かの個性は現れているとしましょう。つまり、この①〜③の間のどこかで著作物の垣根を越えたのです。①は無断転載して構いませんが、③の無断転載は著作権侵害の可能性が高いでしょう。

過去の裁判では、次のような雑誌の最終回挨拶《あいさつ》を著作物と認めたことがあります。

> あたたかいご声援をありがとう
> 昨今の日本経済の下でギアマガジンは新しい編集コンセプトで再出発を余儀なくされました。皆様のアンケートでも新しいコンセプトの商品情報誌をというご意見をたくさんいただいております。ギアマガジンが再び店頭に並ぶことをご期待いただき、今号が最終号になります。
> 長い間のご愛読、ありがとうございました。
> （判例時報1567号126頁より）

ある程度定型的とも思えますが、それでも書き手の個性が認められたわけですね。ですから、たとえば我々が日常書くメールも、よほど紋切型のものや短い事務連絡を除けば著作物でしょう。ブログのエントリーやフェイスブックの書き込みもそうです。ツイッターのつぶやきも、140字もあれば資格は十分です。なにせ、31音の短歌が著作物にあたるというのです。無論「お昼なう。」とかはダメです。しかし、140字あれば十分著作物にはなり得ます。ですから、人のつぶやきだけ集めて出版するなんていう企画は、無許可でやると著作権侵害の可能性があるわけです。

スマホでパチリと撮ったスナップ写真なども、多少でも構図やシャッターチャンスに工夫があるなら十分にあたるでしょう。つまり、私たちは日々著作物を量産しているのです。そしてそれらの著作権は、全世界で自動的に守られます。私たちは誰しも何万という著作物の権利者であって、この世は著作物であふれているのですね。

著作物にあたらない情報② 事実・データ

著作物にあたらない情報の第2は「事実・データ」です。たとえば「昨年、交通事故の24時間以内死者は全国で何人いたか」といった客観的な事実。これは著作物ではありません。

なぜなら誰かが創作したものではなく、厳然と過去に起きたことだからです。ですから誰もそのデータを独占はできません。公開されたデータなら、基本的に誰でも自由に使えます。

ただし、気をつけないといけないのは、使っていいのはあくまで生の事実やデータであって、例えばそれを報じた雑誌記事の文章全体は著作物なのです。ですから、ノンフィクションをそのままなぞるようなTV番組や小説を作ると、しばしばトラブルになります。ノンフィクション作家の方は「私の作品を真似《まね》された」と主張し、言われた方は「いや、あなたの作品は参考にしたが、あくまで生の事実だけを借りたのだ」という構図ですね。これまで何度も同種の裁判が起きています。

井浦秀夫『弁護士のくず』第58話（ビッグコミックオリジナル）より

筆者が関わったものでは「弁護士のくず」事件というものがあります。人気漫画『弁護士のくず』で、一時期マスコミを賑《にぎ》わせたある実在の事件を題材に、それを発展させフィクション化して漫画にしたのですね。そうしたところ、事件を伝えるノンフィクションを書いた方から、著作権などの侵害で訴えられたのです。

筆者はこの事件を、漫画家および出版社の代理人として担当しました。なんとなく「弁護士のくず側の弁護士です」というのも複雑なことになっているなあ、と思ったりしました。やはり、こちらは生の事実を参考にしただけだと主張し、先方はその事実をどう構成するかといった「創作的な表現」を借りられたと主張する、という展開でした。幸い最高裁まで三度、「生の事実などしか共通していない」旨の裁判所の判断を受けて、漫画側の勝訴が確定しています。

更に、著作物にあたらない情報はあと3種類ありますが、その点は続きの章で。

【レビュー(2)】
・著作物に含まれない情報としては、①ありふれた・定石的な表現、②事実・データがある。

チェックテスト（2）

次のものは○か×か。

①小説全体が著作物なら、そこからどんな1行を借りても著作権侵害である。

②社会的事実は著作物ではないので、事実を描いたノンフィクションの文章には著作権は発生しない。

答：①×、②×（小説全体が著作物でも、ありふれた1行は借用できるので①は誤り。事実を描いたノンフィクションでも文章レトリックには著作権が発生するので②は誤り。）

第3章　著作物ではない情報（2）——アイディア、実用品は？

「アイディアを盗まれた」「企画案をパクられた」。全然さわやかじゃない書き出しですが、実際に弁護士の仕事をしていると多い相談です。という訳で第3章は、アイディアや企画案の話から。

著作物にあたらない情報③　アイディア・着想

第2章で、著作物（創作的な表現）から除かれる情報として、「ありふれた・定石的な表現」と「事実・データ」を挙げました。これはきっと常識でわかる話ですね。では、「アイディア」はどうでしょうか。実は著作物として守られるのは表現としてある程度形をとったレベルですから、その根底に横たわるアイディアは守られません。

たとえば、作品の着想や企画案です。「猫の一人称で小説を書く」なんて、天才的なアイディアです。仮に、あれを最初に着想したのは夏目漱石《そうせき》だったとしましょう。彼はそのアイディアを当時仲の良かった正岡子規に話したとする。そこで、なんと子規が漱石より先に猫の一人称で小説を書いてしまったらどうでしょうか。

……まずいですね。ふたりの友情はそれで終わりでしょう。しかし、少なくとも著作権的にはOKです。違法ではありません。そしてこれは、漱石の「吾輩《わがはい》は猫である」が発表された後に、誰《だれ》かが「猫の一人称」という設定を借りて全然別なストーリーで小説を書く場合にも言えます。もちろん、実際のストーリーなどを似せてはダメです。つまり、「アイディア」は似ても良いけれど具体的な「表現」が似てはいけない。

なぜそんなルールなのでしょうか。アイディアは無断で借りられてもたいして損害がないから？　そんなことはありませんね。良い企画案には、凡百の作品よりはるかに価値があります。腹が立たないから？　いえいえ、そういう人格者も多いでしょうが、筆者などは自分の着想を誰かに無断で借りられ、まるでその人の手柄のように発表でもされたら、きっとすごく腹が立ちます。

ではどうして、アイディアの無断借用はOKというルールなのでしょうか？　ここでいうアイディアには作品やものの作り方、つまり「技法」「方法論」も含まれます。たとえば、絵の描き方で「空気遠近法」という技法があります。遠くにあるものは単に小さく見えるだけではなく、空気の影響でかすんで見える、という効果を利用して遠近感を表現するやり方です。この技法を大成させたひとりにレオナルド・ダ・ヴィンチがおり、この方法での彼の代表作が……そう「モナリザ」ですね。今は全体がぼやけ気味ですからわからないかもしれませんが、当時は人物がはっきりと、遠くの風景がぼんやりと描かれていたそうです。

もしも、この空気遠近法というアイディアが著作物だとしたら、つまり誰も空気遠近法で絵を描けないのです。たとえ頭の中に傑作があっても、レオナルドやその遺族の許可がないと何十年もその絵は描けない。それが、アイディアを著作物として独占させない理由です。

良い着想なら誰かに独占させる代わりに共有し、そのアイディアで素晴らしい作品が誕生することに期待しよう。その代わり、生まれた具体的な作品を真似《まね》ることは禁止しよう。これが今の著作権のバランスラインです。そして、ほとんど世界中の著作権法がこの同じバランスラインを採用しています。ですから、ネット上の料理レシピなどは、誰かが真似てその料理をお店で出しても著作権侵害ではありません。

もちろん、例によって境目は曖昧《あいまい》です。果たして既存の作品からアイディアだけを拝借したからOKなのか。それとも、具体的な表現が似ているからアウトなのか。それは無論、程度問題です。この点は以下の章で作品を見ながら、掘り下げてみましょう。

著作物にあたらない情報④　題名・名称

さて、著作物にあたらない情報の第4は、「題名・名称」です。つまり作品のタイトルやキャラクターの名前です。たとえば、波平。いま「ナミヘイ」と読んだ時、読者の皆さんの頭上にはある同一の人物の顔が浮かんだと思うのです。全員が同じ人物を思い浮かべるということは、かなり特徴的な名前ですね。にもかかわらず、これはわずか二文字の言葉に過ぎません。波・平です。

もしも「波平」が著作物だということになると、著作権というのはとても強い権利ですから、ほぼ公には使えなくなります。たとえば、「社会学の先生の頭部が波平」とかツイッターで書けなくなります。まぁ書かない方がいいですけれど。しかも、著作権というのは似た言葉も禁止されますから、波平と似たほかの名前も使えなくなるかもしれません。「ナミヘー」とか「波兵衛」も駄目かもしれません。

この調子では世の中の名前が全部予約済みになって、使える名前がなくなってしまいますね。ですからそういう風には考えません。ありていに言えば、タイトルや名称は通常、短すぎるから著作物にはあたらないのです。

逆にいえば、すごく長いタイトルなどは別です。スタンリー・キューブリック監督の傑作映画「博士の異常な愛情」は、正式名称は「博士の異常な愛情　または私は如何《いか》にして心配するのを止めて水爆を愛するようになったか」です。このくらい長いともう短歌を超えていますし、内容も十分独創的ですから著作物かもしれませんね。しかし、通常のタイトルや名称は、まず著作物ではありません。ですから我々はソーシャルメディアや小説で、「サザエさん」や「ミッキーマウス」といった固有名詞を登場させることは基本的にできるのです。

　この関連で、短いフレーズの扱いがよく問題になります。俳句は、十分独創的なものならば著作物でしょう。世界で最も短い言語の著作物の形式かもしれませんね。では交通標語はどうか。やはり五・七・五です。俳句が著作物なら標語も著作物な気がする。実際、著作物にあたるものもあるでしょうが、何でもあたる訳ではありません。

　たとえば「手を上げて　横断歩道を　渡りましょう」という有名な標語がありますね。著作物でしょうか。たぶん違います。もしもこれが著作物だということになると、基本的に公に使えなくなって、とても不便です。「手を上げて　横断歩道を　渡りましょう」と言わずして、どうやって「手を上げて横断歩道を渡ろう」というメッセージを伝えるのか。ジェスチャーか。気づいてもらえないかもしれない。では、倒置法にするか。「渡ろうよ　横断歩道を　手を上げて」。

……あまりいい標語じゃありませんね。先に「渡ろうよ」と言ってます。子どもはもうここで行っちゃいますから、その後で「手を上げて」では遅いですね。

つまり、「手を上げて横断歩道を渡りましょう」が一番良いのです。そしてこういう最適表現、いわばひとつのメッセージを表すのにせいぜい数通りの言い回ししかないような表現を、著作物として独占させては危ないのです。その「メッセージ＝アイディア」の、独占につながるからです。この点は、映画の名セリフとか好きな歌の一節とか、そういう短いフレーズをどれだけ使って良いかといった場面でよく問題になります。

著作物にあたらない情報⑤　実用品のデザイン

著作物にあたらない情報の最後は、「実用品のデザイン」です。たとえば、読者の身近にあるボールペンとかペットボトルとか、あるいは着けている腕時計とか乗っている自転車とか着ている服とか、恐らくかなりの確率で著作物ではありません。でもなぜか？　たとえば筆者のこの水性ボールペン（写真）、これはなかなか良いデザインです。

クリップが形に変化を付けているし、そこに描かれた「０・５」の数字や商品名がおしゃれです。中ほどにかけて少し太くなって、そこにラバーの握りがついているのもいい感じです。なぜ、これは著作物じゃないのでしょうか。きっと優れたデザイナーでないと、デザインできません。なのに、筆者の落書き（20頁）は著作物で無断転載できず、こちらのボールペンは写真を撮って配信しても自由というのは、ちょっと不公平ではないでしょうか。

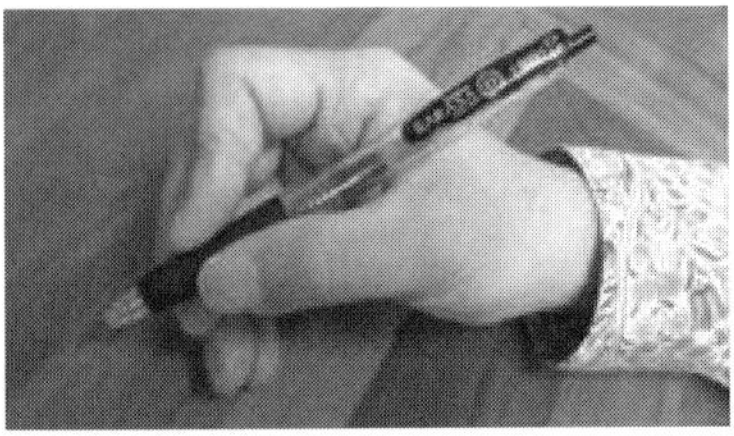

筆者愛用のZEBRA SARASA CLIP

　なぜ、実用品には原則として著作権は及ばないとされてきたのでしょう。ひとつには、しばしば実用品のデザインはその「機能」と結びついているからです。なぜクリップを付けるか。ポケットなどから落ちにくいようにです。なぜ0・5を目立たせるのか。文字の太さがすぐわかるようにです。なぜラバーがあるか。握りやすく、疲れにくいからです。

　もしもある企業が、著作権を使ってこうしたデザインを何十年も独占してしまうと、他の会社はあえてデザインを変えて、いわば機能の劣る商品を売らなければならなくなります。それではまずい。そこで、こうした実用品のデザインは「意匠権」という別な権利で守ることにしました。特許庁というところに登録されてはじめて、短い期間、いわばより狭い範囲でデザインを独占することができる仕組みです。ですから、私たちは乗っている乗用車や着ている服を写真にとってブログやソーシャルメディアに上げても、原則としてOKなのです（もしも、こうしたデザインが著作物ならば、それだけで著作権侵害になりかねません）。

なお、この「実用品のデザインは著作物ではない」というルールにはふたつの例外があります。ひとつは「一品制作される美術工芸品」で、もうひとつは「鑑賞対象になるほど美術性が高いデザイン」です。もっともこの辺りの裁判所の考え方は今揺れているのですが、詳しい説明は省略しましょう。

という訳で、今回は著作物（創作的な表現）にあたらない情報をさらに3つ挙げました。前章の2つと合わせて、原則として自由利用できる情報で、覚えておくと日常生活でもとても役に立ちます。

【レビュー（3）】

・著作物に含まれない情報には更に、③アイディア（着想）・方法論、④題名・名称、⑤実用品のデザインなどがある。（④⑤は著作物にあたる場合もあり。）

チェックテスト（3）

次のものは〇か×か。

①料理のレシピはアイディアなので、人のレシピを真似して料理を作っても著作権侵害ではない。

②実用品のデザインは著作物にはあたらないので、一品制作の茶碗《ちゃわん》などでも自由に複製販売して良い。

答：①〇、②×（実用品の中でも一品制作の美術工芸品は著作物にあたるので、②は誤り。）

第4章　著作権ってどんな権利？——著作権侵害だと何が起きるのか

前章までで、著作権は「著作物（＝創作的な表現）」という情報にしか働かないことを学びました。では、その著作権というのはどんな権利なのでしょうか。一言でいえば、「私に無断で私の作品を利用するな！」といえる権利です。無断で利用すると、著作権侵害といってそれなりに深刻な結果を招くこともあります。

どう深刻かというと、著作権侵害は大きく分けてふたつの責任を伴います。まずひとつは「民事」の責任。これは、個人が個人を訴えて、侵害行為をやめさせたり（＝差止）、損害の補償（＝損害賠償）を請求することです。

もうひとつは「刑事」の責任です。これは国家が個人を訴追して処罰することを言います。つまり、著作権侵害には罰則があって、故意におこなうと犯罪なのです。刑事罰はどの程度の重さかといえば、映画館に行くと最近はもれなくCMで教えてくれますね。「NO MORE映画泥棒」という、カメラが踊るCMです。映画を観るたびに見せられるので、筆者はもう踊れます（嘘《うそ》）。どのくらいの罰か想像がつきますか。

「NO MORE 映画泥棒」キャンペーン CM 動画

「最高で懲役10年又は1000万円以下の罰金、あるいはその両方」です。法人の場合、罰金は最高3億円になります。

これは、法定刑としては結構重い方です。どれくらい重いかと言えば、大麻の輸出入や営利目的譲渡の法定刑よりも重いです。つまり、日本では路上でマリファナを売るよりも、著作権侵害の方が法定刑は重いのです。すごいですね。まあ現実の処分はそこまで重くならないことが多いですが、気を付けたいところです。

さて、ではどんな利用を無断ですると著作権侵害なのか。つまり著作権はどんな行為に及ぶのかといえば、実に幅広い行為が対象になっています。

①複製権、②演奏権・上演権、③上映権、④公衆送信権、⑤口述権、⑥展示権、⑦頒布権、⑧譲渡権、⑨貸与権、⑩翻訳権・翻案権等、⑪二次的著作物の利用権

大変です。一言で「著作権」といっても内訳は11種類もあります。

(1) 複製権

まず最初は、「私に無断で作品をコピーするな」という複製権です。これはコピー機でコピーする行為ばかりではありません。たとえば、印刷や写真撮影も複製のうちです。録音録画も複製のうちです。手で書き写すのも複製のうちです。

第1章で、講演も著作物だと書きましたね。ですから大学の先生の授業なんて、おそらく著作物です。それを皆さんがノートに細かく書き写すと、複製です。では無断でノートテイクすると著作権侵害かというと、まあそもそも「ノートを取るな」という珍しい先生はあまりいないでしょうが、別に学生が無許可でノートをとっても著作権侵害ではありません。なぜ侵害でないかといえば、この先の章で説明しましょう。

(2) 演奏権・上演権

次は、「私の作品を無断で演奏するな、上演するな」と言える権利。「**不特定または多数**」

の人（＝公衆）を前に演奏・上演する行為が対象です。たとえば一般の人が誰《だれ》でも入場できるような場所で演奏すれば、「不特定」の人に聞かせますから、仮に実際の入場者はひとりだけでも対象です。それから、逆に知人ばかりを集めたとしても、たとえば１００人いる前で歌を歌えば、「多数」の人に聞かせますから立派な演奏行為です。ですから結婚式で歌を歌うのは、あれは演奏権の対象なのです。今は多くの結婚式場で、音楽の演奏のための使用料をＪＡＳＲＡＣ《ジャスラック》（日本音楽著作権協会）という団体におさめています。また、気をつけたいのが、ＣＤを流すのも演奏のうちなのです。ですから、イベントでＢＧＭとしてＣＤを流したりすると、著作権の問題になります。

(3) 上映権

これは、スクリーンに映画を映すことだけではありません。たとえば、ＴＶモニターに動画を映すのも上映のうちです。それから、動画に限りませんから、パワーポイントを映写して公衆の前でプレゼンなどすると、上映です。

(4) 公衆送信権

難しい言葉ですが、たとえば「私の作品を無断で放送・有線放送するな」と言える権利です。作品をネットにアップロードするのも公衆送信です。ですからお気に入りの漫画家のイラストを無断でSNSやブログにあげたりすると、理論上は公衆送信権の侵害です。1日2、3人しか見に来ないささやかなブログでも、関係ありません。演奏などと一緒で、一般の人や多数の人（＝公衆）がその気になれば見ることができる場所にアップすれば、誰かが見る前でも「送信可能化」といってその時点で公衆送信です。

同じく、マスメールもこれにあたります。メルマガやメーリングリストですね。たとえば100人も参加しているMLで人の作品を添付して流したりすると、それだけで公衆送信です。もっと少ない人数でもあたるかもしれません。

(5) 口述権

「私の作品を無断で朗読したり読み聞かせをしないでくれ」と言える権利です。

(6) 展示権

これは珍しい権利です。美術と未発行の写真作品だけが対象なのですが、作品のオリジナルを無断で展示しないでくれ、と言える権利です。オリジナルだけが対象ですから、たとえば複製画をお店で買ってきて喫茶店の店内に飾っても、展示権の問題にはなりません。

(7) 頒布権

この頒布権は、次の譲渡権と貸与権をあわせたような権利で映画に働きますが、詳しい説明は省きましょう。

(8) 譲渡権

「私の作品を無断で一般に販売・配布するな」と言える権利です。たとえば、出版社が本を出版するのは、複製でもあるし譲渡でもある訳です。でもこれは、通常作者の許可をとっておこないますね。では、中古はどうか。皆さんは買ってきた本を古書店に売りに行ったり、CDをネットで転売したりしますね。あれは何故《なぜ》できるのでしょうか。無断で公衆に譲渡してはいけないのではないか。

実は、一度正当に流通に乗った商品は、その後再配布しても譲渡権の侵害ではないという例外規定が著作権法にあるのです。これを「消尽（ファーストセール）理論」といいます。

ですから、皆さんが古書店に本を売ったり、古書店が買いあげた本を店頭で売る行為は、作家の許可がなくても出来ます。では、譲渡権ってどんな場面で働くんだというと、たとえば漫画キャラクターで海賊版Tシャツを作って、ネットで売るような行為です。あれは複製権と譲渡権の侵害ですね。

(9) 貸与権

これは「私の作品を無断でレンタルビジネスに使うな」と言える権利です。ですからレンタルCD店やレンタルコミック店は、著作権者の許可を取ってやっているのです。私たちが借りるレンタルCDは、少しずつですが作詞家や作曲家の取り分が支払われる形になっています。レンタルCDをよく利用する方は、邦楽と洋楽ではレンタルに回ってくる時期が違うのをご存じだと思います。邦楽は発売から間もなくレンタルに回りますが、洋楽はしばらく経ってからですね。あれは、洋楽についてはそういう許可しか出ないからなのです。

(10) 翻訳権・翻案権

これは重要な権利です。「私の作品を無断で翻訳するな」はわかりますね。では、「私の作品を無断で翻案するな」とは、どんな意味でしょうか。人の作品を真似して、似た作品を作ることを言います。つまり、「パクるな」と言える権利ですね。模倣を禁止できるところが、善かれ悪しかれ著作権の非常に強いところなのです。

さて、この翻案ですが、典型例はどんな行為でしょうか。言うまでもなく「**盗作**」です。「剽窃《ひょうせつ》」とも言いますね。つまり人の作品を真似して似た作品を作り、それを自分名義で公表してしまうことです。よく盗作論争などが報道されていますが、あれはつまり翻案権侵害があったか無かったかの論争なのです。

このように盗作が翻案の典型例ですが、もうひとつ、盗作とは決して呼びませんが翻案にあたる行為があります。何だかおわかりですか。「**原作もの**」です。つまり、人の作品を原作として新しい作品を創る行為、あれも翻案なのです。たとえば、戦前の国民的作家に吉川英治さんという方がいますが、彼の代表作が「宮本武蔵」で、これを原作に井上雄彦《たけひこ》さんが描いた大人気漫画が「バガボンド」ですね。ちゃんと「原作・宮本武蔵より」とコミックスに書いてあります。

実は吉川さんの著作権は2013年に切れたのですが、バガボンドの執筆開始時にはまだ著作権がありましたので、当然、吉川さんの遺族の許可を得て漫画は描かれています。これ

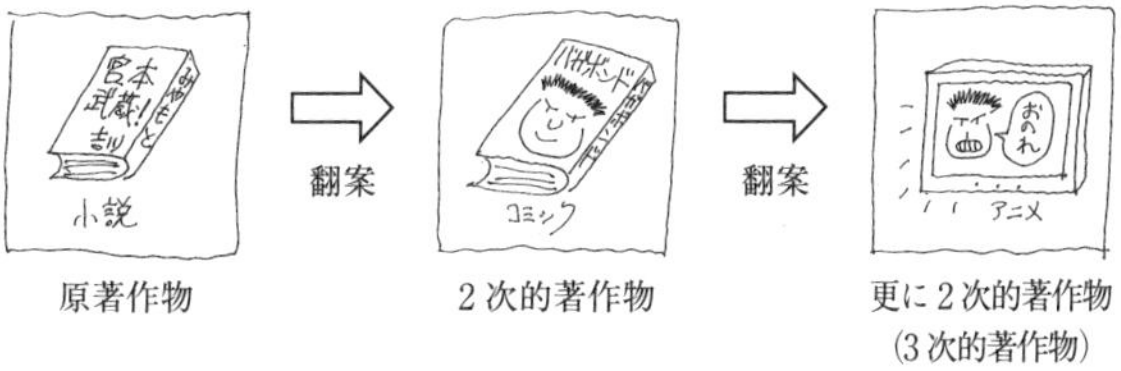

翻案の翻案

が翻案です。その仲間には、楽曲のアレンジ（編曲）などもあります。

こうして翻案や編曲によって作られた新たな作品のことを「**二次的著作物**」と言います。盗作のように無断の翻案で作られたものでも、二次的著作物は二次的著作物です。

(11) 二次的著作物の利用権

さて、この二次的著作物である「バガボンド」ですが、著作権は誰《だれ》が持つのでしょうか。当然、漫画家である井上さんや彼の会社ですね。では、この「バガボンド」を更にアニメ化したくなったとしましょう。つまり、もう一度翻案しようという訳です。

許可が必要ですが、誰の許可を取るべきでしょうか。当然、漫画の著作権者である井上さんです。でも、それだけでは駄目なのです。もうひとり、原作者である吉川英治の遺族の許可も必要です。なぜか。バガボンドには吉川さんの作りだしたストーリーやエピソード、つまり彼の創作性も乗っているからです。

これが、表の最後にある、「二次的著作物の利用権」です。つまり、原作者（吉川さん側）は自分の作品に基づく二次的著作物の利用に対してもノーと言えるのです。逆にいえば、二次的著作物を利用したいと思ったら、原作者の許可も必要なのですね。では、井上さんと原作者側の意見が割れたらどうしましょうか。それぞれがノーと言える権利を持っているため、使えません。

いかがでしょうか。現代はTVドラマでも映画でも、大変原作ものの多い時代です。二次的著作物のそのまた二次的著作物が創られるのも珍しくありません。ひとつの作品にたくさんの権利が乗っていることが多い時代なのです。その場合、ひとりでも反対すると作品は利用できなくなり、死蔵されます。現代は、そうした許可を取ること（＝権利処理）が難しい時代でもあるのです。

【レビュー（4）】

複製権	印刷、コピー、写真撮影、録音、録画、筆写などの方法によって著作物を再製する権利
演奏権・上演権	著作物を公に上演したり、演奏したりする権利（CD 演奏を含む）
上映権	著作物を公に上映する権利（モニター映写を含む）
公衆送信権	著作物を放送・有線放送したり、インターネットにアップロード（送信可能化）したりして、公に伝達する権利（メーリングリストなども含み得る）
口述権	著作物を朗読などの方法で口頭で公に伝える権利
展示権	美術の著作物と未発行の写真著作物の、原作品を公に展示する権利
頒布権	映画の著作物の複製物を頒布（譲渡・貸与）する権利
譲渡権	映画以外の著作物の原作品又は複製物を公衆に譲渡する権利
貸与権	映画以外の著作物の複製物を公衆に貸与する権利
翻訳権・翻案権等	著作物を翻訳、編曲、変形、翻案する権利
二次的著作物の利用権	二次的著作物については、二次的著作物の著作権者だけでなく、原著作者もこうした各権利を持つ

著作権の内容

・著作権には前図のような権利が含まれ、対象行為を無断でおこなうと、差止・損害賠償のような「民事責任」のほか、故意におこなえば「刑事責任」を問われることがある。

チェックテスト（4）

次の利用には著作権の中のどの権利が関わるか。

①音楽ＣＤからＣＤ-Ｒを焼いて、それをイベントで流した。

②お気に入りの写真家の写真集を購入して、自分のお店の棚に展示した。

答　①複製権、演奏権、②関わる権利は無し（複製物に展示権は及ばないので、書籍を展示しても展示権には関わらない。）

第5章　著作権を持つのは誰か——バンドの曲は誰のもの？

さて、ここまで主に「著作物とはどんな情報で、どんな権利が働くか」を見てきました。権利は登録などの手続は不要で、ほぼ全世界で自動的に守られます。では、その権利は、いったい誰《だれ》が持つのでしょうか。答えは「**著作者**」です。著作者とは、クリエイター（創作者）のことを言います。たいていは生身の個人です。こうしたクリエイターが著作権を持つのが、大々原則です。

「共同著作」や「集団創作」ならばどうか。著作権は**著作者全員の共有**になります。著作権が共有の場合には、作品は全員の同意がないと基本的に使えません。たとえばバンドで、曲はメンバー全員の共作名義（あるいはバンド名義）になっているケースがありますね。その場合には曲の著作権は共有になって、全員の同意がないと使えないのが原則です。

ここでひとつ気をつけたいのが、バンドは、ずっと仲良くやって行くのが理想ですけれど、何年もたつとやはり解散することもありますね。その時に、ＪＡＳＲＡＣのような団体が曲をまとめて管理していれば問題は少ないのですが、そうでない場合、全員の同意がないと、もう演奏も出来ない訳です。場合によっては過去のレコーディングを収めたCDも、増刷できずに廃盤にせざるを得ないこともあります。

　これはバンドに限らず、他のジャンルでもそうなのですが、あまり良い別れ方をしなかったグループの場合、その後誰かが利用にOKを出さず、作品がお蔵入りになるケースが出てきます。メンバーにとってもファンにとっても辛《つら》い事態ですね。実際、これは共有だけではなく二次的著作物でもよくある話で、むしろJASRACのような団体のない音楽以外のジャンルの方が起こりやすいかもしれません。

「キャンディ・キャンディ」（原作水木杏子《きょうこ》、作画いがらしゆみこ）

　たとえば、70年代の超人気漫画でアニメ化もされた「キャンディ・キャンディ」という作品がありましたが（図）、原作者と漫画家が不和になり、裁判で最高裁までもつれた挙句、お蔵入りになってしまいました。いわゆる「封印作品」です。残念ながらもう書店の棚に並ぶことはなく、アニメなどの放映もほぼ考えられない幻の作品です。

次に、著作権は譲渡することができます。つまり、著作者は誰にでも著作権を譲渡することができるのです。譲渡は契約書などを交わしておこなうのが望ましいでしょうが、理論上は口頭でも、あるいは暗黙の了解でもできます。譲渡すると、以後は相手が著作権を持って、複製や公衆送信の許可は相手がおこなうことになります。

こうした著作権を保有する人のことを「**著作権者**」といいます。著作者とは一字違いで紛らわしいですが、どちらも法律用語です。つまり最初は「著作者＝著作権者」だったものが、譲渡によって「著作者≠著作権者」になるのですね。この場合、著作者といえども、もう自分の作品を自由に使えなくなるのが原則です。

何かの賞やキャンペーンに作品を応募することがありますね。その時には「応募要項」に気をつけましょう。作品の著作権を、応募者は主催者に譲渡することになっているケースが意外と多いのです。また、そうでなくても、主催者だけが以後、作品を独占的に使えるよ、といった条件になっていることもあります。もちろん、この条件自体は良いことでも悪いことでもありません。ただ、少なくとも条件は承知のうえで応募したいものです。

最近ですと、ユニクロでオリジナルＴシャツをデザインできるサービス「ＵＴＭｅ！」の利用規約が、「ユーザーからユニクロにデザインの著作権を譲り渡す」という条件になっていて、炎上してしまったことがありました。こういった、ユーザーが著作権譲渡とは夢にも思わないようなケースで規約にそう書いてあると、人々が怒って騒ぎになりがちです。譲渡まではないにせよ、ネットの利用規約では、著作権を含めてかなりユーザーに不利な条件が書いてあることが少なくありません。自分の大事な作品や個人データをアップする場合には、一応、規約の条件も確認したいところです。

会社などの従業員が仕事に関連して何か作品を創作した場合、もちろん、その著作権を会社に譲渡することはよくあります（著作者：社員、著作権者：会社）。さらにそれを超えて、「**職務著作**（**法人著作**）」というケースもあります。これは、従業員が業務の一環として創作をおこない、その作品を会社などの名義で発表する場合に、著作権の譲渡以前にそもそも会社が著作者になる、という著作権法のルールです（著作者：会社、著作権者：会社）。詳しい説明はしませんが、そういうものもあるということは知っておいて下さい。

さて、解散や不和にしても、会社との関係にしても、あまり事前に心配しすぎると無駄に関係がギクシャクしかねません。それでも、本当に大事な作品ならば、自分たちの間で著作権の扱いはどうするのか、一度整理しておくのは良いことですね。

【レビュー（5）】

・著作権は著作者が持つのが原則だが、譲渡することができる。

・共同著作など著作権が共有の場合には、全員の同意がないと利用できない。

・会社の従業員などが創作をおこない、会社名義で作品が公表されるなど一定の場合には、会社が著作者・著作権者になる「法人著作」という制度がある。

チェックテスト（5）

次のものは○か×か。

①著作権の譲渡は契約書を交わさなくても、合意だけで成立する。

②著作者は生身の個人しかなることはできず、会社などが著作者になることはない。

答：①○、②×（生身の個人（自然人）が著作者になるのが大原則だが、「法人著作」など一定の場合には法人が著作者になることもあるので、②は誤り。）

第6章　どこまで似れば盗作なのか——だってウサギなんだから

著作権はどんな情報に及ぶどんな権利で、それは誰《だれ》が持つのか。一番基本のお話は前章までで終わりました。そこでこの章と次章では、読者に作品を見ていただきます。というのは、「人の作品を真似して似た作品を作ると著作権（翻案権）侵害だ」と説明しましたね。でもどんな作品にも、何かしら先人の作品と共通点はあります。

では、現実にどの程度似ていれば著作権侵害で違法になってしまうのか。いわば、「パクリとセーフの境界」はどこにあるのか。実際に盗作裁判になったケースを見ながら探ってみましょう。現に様々な場面で頭を悩ますし、トラブルも起きやすい分野です。

最初は世界を震撼《しんかん》させた、この裁判から（次頁）。

ミッフィー対キャシー事件！

どうでしょうか。両者静かにたたずんでいますけど、こんなに心躍る対決も滅多にないですね。「ミッフィー」（日本名うさこちゃん）は、いまだに高い人気を誇る、いわばキャラク

キャシー

ミッフィー

タービジネスの先駆けのひとつ（一匹）です。オランダの作家、ディック・ブルーナさんが1955年に最初の絵本を刊行し、世界中で8500万部以上を売っているそうです。かたや「キャシー」は、「ハローキティ」の友達という設定のサンリオのキャラクターです。むしろウサギのコスプレをしたキティという感じですね。

　ブルーナ側は怒って、キャシーをオランダで提訴しました。2010年、オランダの裁判所は「キャシーはミッフィーに酷似している」として、「仮処分」という一時的な販売差止を命じたのです。そのため、両者はキャシーが本当に著作権侵害か、正式な裁判で争うことになりました。

　いかがでしょうか。確かに似ているといえば……似ています。これが偶然似たならセーフなのですが、ミッフィーの方が先に有名になってサンリオはそれを知っている訳ですから（ハローキティの誕生は1974年）、偶然ということはない。とすると読者の皆さん、これはクロだと思いますか？　「クロ」とは、著作権侵害だということです。その場合、キャシーはいわば存在を許されません。

実はこの裁判もこれまで随分色々なところで紹介してきました。受講者に二手に分かれて「模擬裁判」をやってもらったこともあります。すると、両陣営ともかなり真剣に（ムキに）なって議論しますから、色々な論点が出てきます。まずはクロ派の言い分を聞いてみましょう。

「どっちも白い」「どっちも耳が長い」というのもありましたが、まぁさすがに当たり前なので度外視します。真っ先に挙がる点が、**どちらもウサギが直立している。服を着て擬人化されている。**なるほど、**気づきませんでした。**確かにそうですね。

しかし、これに対してキャシー・シロ派から反論がありました。いや、動物が擬人化されて立っているのもキャラ系ではもう当たり前だろう。「ひこにゃん」なんて服どころか兜かぶってるぞ。クロ派は言い返します。それは最近の話であって、元祖はミッフィーなんだ。サンリオはそもそも「擬人化」を真似したんだ。

ふむ。動物が直立して服を着る元祖はミッフィー……そうでしょうか。

ピーターラビット
（1893年創作）

……あ、いましたね。直立して服を着た有名なウサギ。

鳥獣戯画（12〜13世紀）

なんだか色々いますね。擬人化動物は。

そこでシロ派は勢いづきます。「ミッフィー以前にあるじゃないか。動物の擬人化なんて、ありふれてるよ。ありふれた要素は著作物に含まれないって言ってたよね？　じゃあ、その点が共通してても問題ないんじゃないの？」と。

その通りです。ありふれた要素や、あるいはアイディアのレベルで似ていても、著作権侵害にはあたりません（第2章・第3章参照）。そして、これは「盗作だ」と訴えられた裁判で被告になった側の、かなりオーソドックスな言い分です。

確かに、この点ではキャシー・シロ派の分が良さそうです。しかし、とクロ派は続けます。単に洋服を着てるだけではないぞ。**どちらもワンピースじゃないか**。ということは設定は女性だ。しかも**どっちも丸エリじゃないか！**。なるほど、単なる擬人化を超えて服のセレクトまで似ていますね。これはどうなのか。

シロ派は反論します。じゃあ体型と年齢を見てくれ。キャシーは（耳を除けば）2頭身以上あって、いわば少女だ。だからワンピースを着ている。リボンもある！　でもミッフィーは1・5頭身強しかない。耳を入れたらそれ以下だ。せいぜい幼児だ。だいたい着てるのは本当にワンピースなのか。これはスモックだろう。（※スモックとは幼稚園児のよく着るあれですね）。そもそもミッフィーは女の子なのか？　とシロ派はたたみかけます。まだ性的に未分化だ。一方キャシーは明らかに少女だ。その点は、むしろミッフィーとキャシーの大きな相違点じゃないか。

キャシー・シロ派の攻勢が続きますね。クロ派は最後の反撃を試みます。いや、**手足の形状**を見てくれ。単なる擬人化だけじゃなくて、思い切って単純化している。さらに目をみてくれ。**目が離れて、しかも点だ。**つまりこうした単純化のテイストこそミッフィーの独創であって、写実的なピーターラビット等とは異なる。その点はキャシーも全く同じじゃないか。そもそも「キャラっぽい思いきった単純化」というブルーナの革新性を、サンリオは真似したんじゃないか。

なるほど、これは本質を突いた主張に見えます。ピーターラビットとミッフィーでは、同じ直立したウサギといっても大きな違いを感じさせますね。極限まで細部をそぎ落とし8つの色（＝ブルーナカラー）のみで描いた造形は、ブルーナの代名詞です。そして、キャシーはその点でいえば、明らかにミッフィー的です。

シロ派はオーソドックスに反論します。いや、それは「超単純化」というアイディアだろう。ブルーナはすごいと思うけれど、アイディアを独占はできないはずだ。「さらに両者には、決定的な違いがある」とシロ派は続けます。見てみろ。ミッフィーには口があるけど鼻がない。キャシーには鼻があるけど口がない。その結果、表情が違うじゃないか。

　これ、どうでしょうか。ミッフィーファンの方、ここで何か言うことはありませんか？

……そうです。よくある誤解ですね。ミッフィーのバッテンは単なる口ではありません。正確にいえば、鼻と口です。上の∨が鼻で、下の∧が口です。ほら、ウサギの口って、そうなってるじゃないですか。

　なるほど。そう言われてみると、確かに鼻と口に見えてきました。そして、そういう目で見てみると、ミッフィーの表情は随分違ったものになります。つまり、口元について言えば、意外と写実的なのです。さらに目が離れている点も、ウサギを正面から見たら、離れ気味ですよね。

ウサギ（正面　by　hyper7pro　）

ミッフィー（拡大。∨が鼻で、∧が口）

　他方、キャシーはどうか。あれは明らかに鼻です。口はありません。そして、この、「口や鼻なんて省略してもいいんだ。かわいければ」という思いきりこそが、サンリオキャラをして世界ブランドたらしめた最大の特徴ですね。この点を、果たしてブルーナの延長線上と見るか相違点と見るか。勝敗を分ける最後のポイントかもしれません。

いかがでしょうか。なんだか遊びのように見えたかもしれませんが、実際の著作権裁判でも多かれ少なかれ、こんな論争が繰り広げられます。そこでは「原告の特徴的な表現を被告がどれだけ借りたか」「共通点と思える特徴は他の先行作品にも見られる定石ではないのか」「アイディアが共通しているに過ぎないのか」「相違点はどれだけあるか」といった点が争われます。

たとえば映画同士を比較するならば、ストーリーやキャラクターの造形、画面の構図や推移の類似点などが問題になります。恐らく、双方が数多くの類似点と相違点を挙げてぶつけ合うでしょう。

ところが、キャラクターのように比較的単純なデザインや短い作品同士を比較する場合、争点はだいぶ違ったものになります。なぜなら、全体がシンプルであるが故に、2頭身か1・5頭身か、口が省略されているか、服の形状が少し違うかといった、「わずかな相違」が時として決定的な差になるからです。

だからといって、少し変えれば何でもOKとなってしまっては、「ミッキーマウスもどき」や「キティもどき」を防ぐことができない。このクロとシロを分けるバランスラインが特に難しいのが、単純な／短い作品同士の盗作論争ですね。そして、この種の論争はキャラブームの中で確実に増えている気がします。

さて、裁判の落ちの話をしましょう。実は、この裁判が争われている最中に東日本大震災が起きました。その災禍に胸を痛めたブルーナ側がサンリオに、「お互いに無駄な争いをやめて、その分節約した弁護士費用を被災地に寄付しよう」と提案。サンリオもこれに乗って、めでたく裁判は和解で終了します。

……いい話ですね。当時も「粋《いき》な解決」なんて報道されました。もっとも実はこの和解に際してサンリオは、「キャシーの新製品を今後売らない」と表明しています。被災地支援でもきっちり言い分は通す。ミッフィーは意外と交渉上手だったかもしれません。

次章は、もう少し「複雑」な作品同士の類似性を考えます。

【レビュー（6）】

・先行作品と「ありふれた表現」や「アイディア」が共通するだけなら、著作権侵害ではない。

チェックテスト（6）

ミッフィー対キャシー事件で、あなたはクロ派かシロ派か。そう思う最大の決め手は何だろうか。

答は皆さんの中に！

第7章　どこまで似れば盗作なのか（続）——だって廃墟なんだから

前章はウサギの東西キャラ対決を題材に、「どこまで似れば著作権（翻案権）侵害か」を考えました。今回は、もう少し複雑な作品の比較を考えてみましょう。写真界・出版界を巻き込んだ「**廃墟《はいきょ》写真事件**」です。

廃墟写真をご存じでしょうか。もう打ち捨てられて誰《だれ》も行かないような場所（廃墟）をあえて撮り、その寂寥《せきりょう》感や風化した美しさを伝える、という写真のジャンルです。なかなか根強いファンがいて、有名なのは長崎の軍艦島（端島）ですね。こうした廃墟写真家の先駆けのおひとり、丸田祥三さんが発表し高い評価を得た一連の作品群があります。場所は丸田さんが見出した、変電所跡などのさびれた廃墟たちです。

その数年後、著名な写真家の小林伸一郎さんも一連の書籍で廃墟写真を発表するようになります。ちょっと何点か並べてみましょう。

丸田祥三「棄景」（1993年）（裁判のものは白黒）

小林伸一郎「廃墟遊戯」（1998年）（実物はカラー）

丸田祥三「機械室」（1992年）（実物はセピア）

小林伸一郎「廃墟漂流」（2001年）（実物はカラー）

いかがでしょうか。並べると寂ばく感も2倍ですね。丸田さんは抗議し、小林さんを相手どって著作権侵害などの裁判を起こします。皆さん、どう思われますか。作品はほかにもありますが、まずはこの2組、小林作品はクロでしょうか、シロでしょうか。クロは著作権侵害で、小林作品は販売差止やむなし、となります。

前章にも書きましたが、著作権の世界では先行する作品との偶然の一致は許します。つまり、翻案権侵害といえるためには、①先行作品（丸田作品）を見たり聞いたりした上で、②それと似た作品を創ること、の両方が揃《そろ》うことが条件です。①を**依拠性**、②を**類似性**と呼びます。どちらかでも存在しなければ、著作権侵害にはなりません。

今回、小林さんは丸田作品を見たこと自体を否定しています。他方、丸田さんは、自分の写真集にあったある廃墟の説明文と小林作品の説明文は、内容の間違いまで共通しているから小林さんは丸田作品を知っていたはずだ、などと主張しました。ですから、①の依拠性も争点ではあるのですが、裁判所は②の類似性に注目します。つまり、似ているかどうかの勝負です。

さて、両作品は似ているでしょうか。この事件についてもこれまで何回か講義で取り上げ、模擬裁判をやったことがあります。そこでの小林さん・クロ派の言い分を聞いてみましょう。

ウサギを描いたのとは訳が違う。**廃墟写真は人知れぬ「廃墟という被写体」を苦労して発見し撮影することが生命だ。**後から同じ廃墟を撮って自分名義で発表するなんて論外だろう。さらにいえば、**両作品のテイストも似ている。**

　シロ派の言い分はどうでしょうか。廃墟を見出した丸田さんの視点には敬意を表するが、廃墟は作品そのものではない。「この廃墟を撮ろう」というのはアイディアだろう。アイディアは独占できないはずだ。では写真の生命は何かといえば、シャッターチャンスや構図・ライティングといった撮影方法だ。構図やテイストは両作品でだいぶ違う。

　確かに、アイディアは誰も独占できません（第3章）。丸田さんがいかに独自の視点で廃墟を見つけたのだとしても、「今後何十年にもわたって彼以外の人はその場所を撮ってはいけない」といえば無理がありそうです。「これから葛飾柴又《かつしかしばまた》で映画を撮るな」とか、「秋葉原でアイドルグループを立ち上げるな」というのと同じくらい無理です。

　あるいは、「廃墟という事実の発見」とも言えるでしょう。かつて、スイカを並べて撮った既存の写真と、同じようにスイカを配置して撮った写真が著作権侵害かどうか争われたことがあります（スイカ写真事件。拙著『著作権とは何か』78頁〜）。この際にも激論になりましたが、スイカの並べ方ならばまだ撮影者の創作とも言える余地はあるでしょう。しかし、廃墟は最初からそこにあった「事実」です。事実は独占させようがない（第2章）。

ですから、同じ廃墟を人に作品にされたくないと思えば、究極の方法は「どこで撮影したか秘密にする」ことです。現に、撮影場所は決して明かさない廃墟写真家もいるようですね。逆にいえば、場所を明かす以上、「同じ廃墟を撮るな」とまでは言えないでしょう。この点に限れば、小林さんシロ派の分が良さそうではあります。

シロ派はさらに、両作品のテイストの違いを指摘します。そもそも丸田作品は白黒やセピアで小林作品はカラーだし、丸田作品では木が茂ってるじゃないか。（確かに小林さんの作品集を見ると、多くの作品の特徴は彼の色彩感覚ですね。風景に溶け込んだ「棄物」をモノトーンで描き出す丸田作品とは異なる印象を与える気がします。）

しかし、とクロ派は逆襲します。だとしても小林作品は**構図まで似ているんだぞ**。事実やアイディアを独占できないのはわかるが、丸田さんが苦労して見出した廃墟に出かけていって、同じ構図で撮らなくても良いはずだ。撮影時期や色味が違うなんて、プロならその程度の違いはつけるだろうが、最も肝心なところは丸田作品から借りてるじゃないか。

シロ派は言い返します。いや、撮り方にはセオリーと言うものがある。同じ廃墟に行けば、ベストショットが撮れる場所はある程度必然的に絞られるし、必然的に絞られるようなものを独占されては困る、と。

裁判所は果たしてどう判断したでしょうか。シロ（著作権侵害にあたらず）、です。微妙な判断ではありますが、上の写真については筆者もそうかなと思います。

ただもう一点、次の写真はどうでしょうか。これも裁判所はシロと判断したのですが、読者はどう思われますか。

小林伸一郎「廃墟をゆく」（2003年）

丸田祥三「迷彩」（1992年）

足尾銅山にある電力施設の廃墟だそうです。同じ廃墟・ほぼ同じ角度。丸田作品はモノクロで小林作品はカラーなのですが、色調が抑えめなため、テイストも似ている気がしますね。筆者はこうなるとより微妙な判断になる気もしますが、裁判所が著作権侵害ではないと結論した決め手は、何だったのでしょうか。

理由：「丸田作品には、ススキがある」

……うーむ、ススキか？

2作品の「類似性」を考えて来ました。いずれも大きな論争になった微妙な事件です。前章にも書きましたが、現実の作品に触れて考えることで、著作権の射程を身近に考えやすくなりますね。

その際の考えるヒントには様々なものがありますが、たとえば「この行為が許されたらどんな影響がある？」「逆に禁止されたらどんな影響がある？」と考えてみるのも良いかもしれません。

廃墟写真事件では、丸田さんは「小林さんのような作品の創り方が許されるなら、人が苦心して撮影した廃墟写真でも著名な写真家が後から行って似た構図で撮って、少しテイストを変えて発表したら商売できることになってしまう」という問題意識を提示しました。

逆に、前述のスイカ写真事件では、「この程度似ている写真でクロだというなら、もう今後、おいしそうなスイカの写真はどう撮れば良いのかわからなくなる」という危惧《きぐ》の声も上がりました。なるほど、著作権の世界では偶然の一致は許しますが、逆にいえば、元の写真を見たことのある人は時に１００年もの長きにわたって、同程度に似た配置のスイカの写真は撮れなくなりそうです。それで良いのか。

つまり、「模倣する自由」と「真似されることの弊害」のバランスが問われます。クリエイターはもちろんのこと、レポートやサークル活動、ビジネスの現場でも、私たちの日常はこのバランスをいかに取るかの連続です。廃墟写真裁判もミッフィー裁判も、「ベストバランスはどこにある？」と私たちに問いかけているのですね。

【レビュー（7）】

・著作権侵害が成立するためには、先行作品との①類似性と、②依拠性のふたつが条件になる。

チェックテスト（7）

登場した廃墟写真を例にとって、後発の写真が侵害として禁止される場合の影響、非侵害として許される場合の影響を考えて、それぞれ短く書き出してみよう。

答えは皆さんの中に！

第8章　個人で楽しむためのコピー・ダウンロードはOKか

さて、著作権の基礎知識と「どこまで似れば盗作か？」が終わりました。第8章からいよいよ実践編です。ここまでは「こういう使い方をすると違法です」の知識が中心でしたが、これからしばらく「こうならば使えます」の話が続きます。教科書でも著作権のQ&Aでも、この部分をあまり強調しないものがありますが、「違法です」と同じくらい大事なパートです。最初は本丸中の本丸、「個人で楽しむために音楽や映像をコピー（複製）すること」です。

皆さんは、好きなTV番組を昼間のうちに録画しておいて、夜になると見るということをしますね。あれは、なぜ出来るのでしょうか。TV番組はたいてい著作物です。そして録画は複製だと書きましたね。であれば無断でできないはずです。しかしだからといって、数百万人のユーザーが「今日のあのドラマ、録画したいんですけど」とTV局に電話してきたら、局だってかえって大変です。そもそも、TV局にも単独でそれを許可する権限はなかったりします。「えーと、あのタレントは許可出るかなー。聞いてみますね」なんて、やってられません。そもそも、こういう個人的な録画を禁止しても、それで局側がどれだけ得をするかも不明です。

著作権法では、著作権の原則通りに通させるとかえって世の中が混乱しそうな場合に、特に許可なく著作物を利用しても良い例外を定めています。これを「制限規定」といいます。個人的な楽しみのための録音や録画はその典型で、「私的使用のための複製」（私的複製）と呼ばれ、無許可で出来ることになっています。

私的複製でできること、できないこと

条件はけっこう厳格で、（1）個人的又は家庭内その他これに準ずる限られた範囲で使うために、（2）使用する本人が、コピー・写真撮影・録音・録画などできるのですね（いくつか細かい例外がありますが省略）。つまり非常に親密な範囲内での、小規模な使用が目的でないといけないと考えられています。いくつか無許可で出来る場合の例を挙げてみましょう。

① 自分の勉強のため、大学の講義などを細かくノートに書き写した　⇒○（37頁参照）
② 数名の趣味のサークル内で一緒に楽しむために、小説や音楽をコピーした　⇒○

③　自分のカバンやスマホに、好きなキャラの絵を描いた　⇓○
④　会社で参考資料として新聞記事をコピーした　⇓企業活動のためのコピーは恐らく×

この辺りは想像がつきますね。許されるのは「複製」なので、たとえば、⑤個人のブログに何かをアップするような「公衆送信」（38頁《ページ》）は対象外です。少なくとも私的複製としては許されません。ただし、私的な使用のためならば翻案も許されるので、⑥ごく少人数のサークル内で回覧するために漫画のパロディを描くのは、恐らくOKです。

そして気をつけたいのは、コピーする作品の入手経路は基本的に問わないのですね。ですから⑦友達から借りたコミックのコピーでも、レンタル店で借りたCDのダビングでも大丈夫です。

ダウンロード違法化・刑罰化の大論争

意外に思われるでしょうが、同じことは相手が海賊版でも言えます。つまり、海賊版を入手してコピーをとっても、個人の楽しみのためならば基本的に適法なのですね。もちろん、海賊版を作って売る行為自体は立派な犯罪ですから、あくまでもそれを入手する側は私的複製しても良いよ、という話です。

とはいえ、あまり勧められる話ではありません。そこで、オンラインの海賊版などについては特別なルールが作られました。2011年にかけて導入された「ダウンロード違法化・刑罰化」です。これは、(1)違法にネットにアップロードされている著作物を、(2)違法アップと知りながら、(3)ダウンロードして録音・録画する場合、私的複製は成立しないよ、というルールです。つまり、私的複製が成立しないのだから、無断でおこなえば著作権侵害ということですね。さらに、(4)その著作物が一般に販売されているものの場合には、罰則もあります。導入された時には大論争になりました。

導入派の理由はもちろん、「海賊版の蔓延《まんえん》がひどい」ということです。「MEGAUPLOAD《メガアップロード》」という米国の代表的な海賊版サイト（海賊版ストレージ）の関係者が、2012年はじめにFBI主導で一斉摘発された事件があります。この際には、押収金額が現金と高級外車だけで50億円、それまでに稼いだ海賊版配信のための会費収入は実に170億円という、凄《すさ》まじい規模が報道されました。

しかし、ダウンロード違法化・刑罰化には、ユーザーの激しい反発もありました。反発の理由は、(1)ダウンロードする個人よりも、違法なアップロードをする輩《やから》こそ悪質なのだから、その取り締まりを強化すべき、(2)違法コンテンツか適法コンテンツかは、一見してすぐにはわかりにくい、(3)決め方が拙速すぎた、などでした。

(2)については、確かにダウンロード違法化の対象には「YouTubeに無断でアップされた動画」なども含まれます。その中には公式チャンネルのようにはっきり適法動画とわかるものもありますが、関係者が了解してアップされているのか無断でアップされているのか、一見してわかりにくいものも多いですね。「そんなことで中高生も含む一般人が刑罰の対象になるのは、行き過ぎだ」という訳です。

このダウンロード違法化ですが、2018年末からは対象を映像・音楽以外のマンガ等にも拡大するかで、再び大きな論争になり、明らかな海賊版などのダウンロードに限定して違法にすることで落ち着きました。これに限らず、私的複製をめぐってはこうした論争はとても多いのです。というのは、私的複製の例外は今の著作権法が出来た1970年からあった規定ですが、当時は個人でできるコピーなどはとても小規模な、画質・音質も悪いものでした。

しかしその後、デジタル化・ネット化の普及で個人が作品を複製・流通できる機会は大きく広がります。今や大容量のコンテンツでもオリジナルと全く変わらない品質で瞬時にコピーできますし、それをネットを通じて入手することも簡単です。

その反面、音楽や出版など少なくない先進国の「コンテンツ産業」は、二〇世紀の終わり頃から大幅で継続的な売上の低下を経験しました。原因は色々と議論されますが、作家・ミュージシャンやレコード会社・出版社といった「権利者側」の危機感は深刻でした。そして、いきおい海賊版や私的なコピーの広がりに対して神経をとがらせることになります。一方ユーザーは、テクノロジーの発達で格段に自由になった作品の流通や楽しみ方を制約されることに、強い警戒心を抱きます。

こうした論争の背景には、「私的なコピーの功罪」という難しい問題が横たわっています。一方では海賊版や無許可の作品流通の広がりがあります。業者がいくら作品の無断流通で儲《もう》けても、漫画家やアーティストには一銭も入りません。「我々の苦労へのただ乗り（フリーライド）ではないか」という指摘もあります。

他方で、テクノロジーでこれまで届かなかった人々や地域に作品が安価に届けられるようになったことを、もっと前向きにとらえるべきだ、という指摘も力を増してきました。音楽にせよ漫画にせよ、ある程度「試し聴き」「試し読み」をさせないと良さがわからない。「私的コピーは、むしろ作品を拡散して最終的には売上を伸ばす上で貢献しているのではないか?」という指摘ですね。

無論、海賊版で稼ぐのは明らかに行き過ぎですから、これは程度問題なのでしょう。つまり、盗作問題でも触れた「保護と利用のベスト・バランス」がここでも問われている気がします。

その際の考える視点にはさまざまなものがありますが、たとえば「**社会の多数がそれと同じことをしてもうまく回るのか、社会の多数が同じことをしたら崩壊するのか**」という想像は、シンプルですがヒントになるかもしれません。確かに、作品は人々に読まれ聴かれてはじめて価値があります。その意味で、私的コピーには積極的な役割があるでしょう。他方、仮に全てのユーザーが海賊版をタダ同然で入手して済ませるようになれば、恐らく現在の映画産業や出版産業は存続できません。

人々が作品により自由にアクセスできて、それでいて、作家やそれを支えるスタッフたちの生活の糧を害さないためにはどうすれば良いか。そんな問いかけは続いています。

【レビュー（8）】

（1）①個人的に楽しむなどのために　②本人がする複製は、「私的使用のための複製」（私的複製）として許される。

（2）ただし、③違法アップされた著作物を　④そうと知りながらする　⑤一定のダウンロードは、「ダウンロード違法化」によって許されない場合がある。

チェックテスト（8）

次のものは○か×か。

①図書館で借りてきた本やCDからでも、個人的な用途のためならば基本的にコピーできる。

②会社の業務のためでも、書籍などから資料として1枚だけコピーをとるのは私的

複製でOKと考えられている。」

答：①○、②×（業務のためのコピーは個人的な用途ではなく私的複製にはあたらないという理解が有力なので、②は誤り。）

第9章 「引用」は許されるのか？ 教育目的での利用は？

著作権者の許可なく作品を使っても良い「制限（例外）規定」。「私的複製」に続いて、この章ではネットや学校生活で、実はもっともトラブル多発の「引用」からはじめましょう。

引用（32条）

引用とは、人の作品を自分の作品に引いてきて紹介することです。エッセイやレポートで、よくカッコなどでくくって人の作品や論文の一節を記載しますね。あれが典型的な「引用」です。文章に限らず、映画や舞台の中で誰《だれ》かの小説の一節を「引用」することもあれば、評論の中で絵画や楽譜などを「引用」することもあります。企業のプレゼンで、政府や他の企業の資料を紹介するのもある種の引用です。引用は私たちの文化やビジネスの営みでは最も重要な行為のひとつで、それ無しでは社会は成り立たないほどでしょう。ただし、実は著作権のトラブルがとっても多い分野です。

2013年から、全ての博士論文のネット公開が義務付けられました。とても意義ある試みですが、ここでにわかに脚光を浴びたのが「その引用や転載はＯＫなの？」ということです。ネットに上がれば既存の文章との照合もしやすいですね。いわゆるコピペが発見されやすくなり、検証サイトが立ち上がったりします。「ＳＴＡＰ細胞」事件の小保方晴子さんも、そうした場所で博士論文のコピペ問題を指摘されたことから騒動が広がりました。確かに、論文の中には出所も示さず、引用というより単なる「無断転載」、いやむしろ「盗作」レベルのものも時折見られ、そうなると恰好《かっこう》の炎上ネタです。**いやですね、炎上。**

こうした不祥事を警戒して、教員や学生に「引用・転載は一切禁止！」「するなら全部許可をとりなさい」などと、極端な指導をはじめる大学も出てくるかもしれません。……これはやり過ぎです。許可は言う程簡単に取れるものではないし、単なる無断転載と違い、適正な引用は著作権法が認めるれっきとした適法行為です。相手側に「挨拶《あいさつ》」を入れるのは結構でしょうが、「許可」は本来必要ありません。許可が取れない限り引用するなでは、辛口の論評などは出来なくなり、研究や表現活動にとって命取りになりかねません。是非、引用のルールを守って、使いこなして欲しいと思います。

とはいえ、実は著作権法の引用の規定は抽象的で、条文を読んでもどこまでが許される「引用」で、どこからが許されない「無断転載」なのかよくわかりません。「公正な慣行に合致し」「正当な範囲内なら良い」なんて書いてあるのです。

そこで裁判所や学説は色々な引用ルールを打ち立てますが、これまた意見に幅があります。そのため、誰でも日常的におこなう「引用」という行為なのに、残念ながら一目瞭然《りょうぜん》のルールをここに書くことはできません。が、それでも判例や学説から読み取れる「**引用の6つの注意点**」をご紹介しましょう。これに気をつければ、恐らく大きく間違えることはないはずです。

〈引用の6つの注意点〉
①未公表の著作物は引用できない
②自分の作品との明瞭区別
③自分の作品がメイン（＝主従関係）
④自分の作品との関連性
⑤改変は禁止
⑥出典の明記

その前に「ルール・ゼロ」です。言うまでもなく、著作物にあたらないような短い部分ならば、著作権的には無条件に使えます（第2章・第3章参照）。そうではなくもう少し長い固まり、つまり「創作的な表現」を自分の作品で引用したい時には、次の6つの要素に気をつけましょう。

①**公表作品であること。**未公表作品は、引用できません。たとえば手紙は著作物ですが、基本的に未公表作品です。手紙を受け取った人はつい、自分のものだと考えがちですが、あれは書いた人が著作権を持っています。そして書いた人の

同意が無いと公表できないのですね。ですから、受け取った手紙を自分の著書で紹介したりすると、引用の規定では無理です。

②明瞭区別。引いてくる人の作品と、いわば地である自分の作品は混ざってはいけません。たとえば文章ならばカッコでくくる、段を下げる、といった区別が必要です。ですから、当たり前ですが誰かの作品の一部をまるで自分が創作したかのように「流用」するのは、引用ではありません。単なる盗作です。この関連で、映像・音楽・ダンスなどの分野で人の作品を部分的に真似する行為を「○○からの引用」と呼ぶことがあります。いちがいに否定できない表現ですが、少なくとも引用の条文で許されるのは難しそうです。こうした人の作品へのオマージュ、パロディ、二次創作的な利用は著作権の大きな課題で、第19章でじっくり扱います。

③主従関係。引いてくる他人の作品はいわば補足であって、地である自分の作品がメインでなければなりません。「わかった！　じゃあ人の作品が4割、自分の作品が6割ね！」と、そういう訳にはいきません。引用として許されるためには、もっと圧倒的な差が必要なのですね。どの程度なら安全という絶対の基準はありませんが、量でいえば筆者は「人の作品からの引用はせいぜい全体の数%にとどめ、加えて他の要素にも注意」と依頼者に勧めます。

しかも、一度に長文の固まりを引用したり、図版なら大きい鮮明なものの引用は要注意です。よく「その部分だけで鑑賞に向くような引用は危険」と言います。つまり、美術評論で絵画を引用することは出来ますが、図版部分が大きくて、結局評論ではなく解説付き作品集のようになってしまっては危ないのですね。

④**関連性。**主従関係の一種とも言えますが、自分の作品の内容に照らして、人の作品を引いてくるだけの「関連性」は当然問われると思います。「好きだからこの写真載せたんだ。全体からすればわずかな分量だし明瞭区別もついてるし♪」という訳には恐らくいかないでしょう。引用の必然性がある程度は求められそうです。

⑤**改変は禁止。**当然ですが、内容を変えて引用することは出来ません。この関連で、長文を引用する時に「要約」するケースがありますが、よほど正確にやらないといけません。筆者はむしろ、引用したい箇所が長文なら（中略）をはさんで短くすることが多いですね。無論、それで文意が変わらないことが大切です。

⑥**出典明記。**作品の出所は記載するルールになっており、これを「引用が許される条件だ」とする判決もあります。少なくとも作家名と作品名は入れましょう。出版社や所蔵美術館名なども入れれば丁寧です。

……慣れるまでは面倒くさいでしょう。しかし、だからといって人の作品を紹介したり批評する際、対象を引用することを避けていては、一番肝心な皆さんのレポートや作品のレベルが落ちかねません。コツをつかんで、是非「引用」を活用して下さい。

教育目的での利用（35条ほか）

そのほか、学校での活動にとって大事な条文に「教育機関での複製」というものがあります。非営利の教育機関（小・中・高・大学など）では、授業の過程で必要がある場合に、他人の作品を複製して使うことを認めています。条件は教師や生徒が自ら複製することで、たとえば、文芸作品のコピーや映像・音楽などのダビングも、授業に必要な範囲なら配布できます。いわゆるオンライン講義の場合、必要な資料を生徒に送信することも許されます（同時中継の場合だけでなく、オンデマンドの配信なども可能です）。

ただし、自習ドリルのように「最初からユーザーが必要部数を買って学習に使うことを想定しているような著作物」では、この例外規定は使えません。つまりドリルを1冊だけ買ってきてコピーして生徒全員に配ることはできません。まあ、そりゃそうですよね。また、部数に限度があるという意見もあり、50名程度のクラスなら良いが、数百名が入る大教室はダメ、などと言われます。筆者は、授業の過程で本当に必要な部分に絞るなら、大教室で配布しても良いという意見です。

よく質問を受けるのは、学園祭やオープンキャンパスでの配布用にはコピーできるのか、です。これはその配布が授業の一環としておこなわれるか否かにも関わります。目的が学生の勧誘だったりサークルの発表などの場合、さすがに授業の一環とは言えないため、この規定は使えないでしょう。

なお、以上は許可が無くても作品を使える「制限規定」の話ですね。無論、許可をとればどんな作品でも教育の場で使えます。紹介したように授業のためのコピー配布には条件があって、できない場合もありますから、大学が権利者の団体と連携してコピーの許可を一括で得ようという取り組みもあります。制限規定と並んで、大事な動きです。

教育目的での利用ではこのほか、「教科書への掲載」「試験問題としての利用」などの例外規定があります（98頁）。活発な教育や評論・表現活動のため、引用や教育目的での例外規定を正しく活用したいですね。

【レビュー（9）】
（1）引用が許されるための注意点には、①公表作品であること、②明瞭な区別、③主従関係、④関連性、⑤改変は禁止、⑥出典の明記などがある。（32条）
（2）①非営利の教育機関で、②授業の過程で必要がある場合には、③教師や生徒・学生が自ら複製・送信することは、基本的にできる。（35条）

チェックテスト（9）
次のものは○か×か。
①引用は文章については出来るが、図版や歌詞は許可なく引用できない。
②高校の授業で用いる必要がある場合、教師が市販の音楽CDから対象曲の部分をCD-Rにコピーして生徒に配布することは許される。

答：①×、②○（条件さえ満たせば著作物の種類によらず引用はできるため、①は誤り。）

第10章　まだある「できる利用」——入場無料のイベント、写り込み

著作権者の許可が要らない制限（例外）規定として、「個人的な複製」「引用」「教育目的の利用」などを見て来ました。この章ではもっと積極的に、既存の作品を活用できる場合を紹介しましょう。

非営利目的の上演・演奏など（38条）

公表作品の非営利での上演・演奏・上映・口述は、一定の条件を充たせば許可も支払もなくできます。意外と知られていませんが、著作権法では最重要の制限規定のひとつでしょう。文化が普及する上で、この制限規定の役割は決して小さくありません。

では、充たすべき条件とは何か。3つです。

①**「非営利目的であること」**②**「観客などから料金を受け取らないこと」**③**「実演家・口述者に報酬を払わないこと」**、です。これを全部充たせば、たとえば学園祭のバンドで好きなアーティストの曲を演奏できます。演劇の上演も、映画の上映会もできます。

「非営利」と「入場無料」が別々の条件である点にご注意ください。両方を充たす必要があります。たとえば、いくら学生や非営利団体が主催していても、入場料を取るイベントは対象外です。他方、一般の企業が宣伝目的で入場無料イベントを開催する場合、②の「入場無料」にはあたるでしょうが、①の「非営利目的」からははずれます。ということは制限規定が使えませんから、そこでバンドが演奏するなら、原則に戻って著作権者の許可を得る必要があります。

特に、②の「入場無料」はよく質問を受ける項目です。たとえば単に名目を「レッスン料」「会費」「資料代」に変えても、実態が上演や演奏を視聴する対価であれば無理です。他方、会場内でドリンク類を売って通常程度の料金を得るのは許されます。入場料ではなくカンパを集める場合、本当の任意の寄付で実費に充てる程度なら大丈夫でしょうが、実態が強制徴収であれば入場料とみなされるのでいけません。

逆に、③出演者などに報酬を払うと、この制限規定は使えないのですね。つまり、その場合は原則に戻って、権利者の許可がないと上演や演奏はできない。出演者にギャラを払うくらいなら、作家にも払ってやりなさいという趣旨なのでしょう。気を付けたいのは、支払の対象は「実演家・口述者」で、この「実演家」には指揮者や演出家が含まれるのです。

たとえば、市民ミュージカルならば出演者は市民だからノーギャラでしょう。しかし、演出家だけはプロを招いていて謝礼を払うならば、この例外規定は使えないのです。原則に戻って作家やＪＡＳＲＡＣの上演・演奏許可を取りましょうとなります。また、ここでも名目より実態を重視しますから、「お車代」と呼んでも実態が謝礼ならば許されません。本当の交通費実費なら、恐らく支給しても問題ないでしょう。

以上の条件を充たせば、権利者の意向にかかわらず上演・演奏ができます。対象は脚本や音楽だけでなく、既存の振付なども使えます。購入したＤＶＤでも、無料の市民上映会などは基本的にできます。

この例外は、意外なほど知られていません。知らないため、権利者に断られて泣く泣くイベントをあきらめたり、あるいは広報をしないでこっそり上演・上映するケースもあるようです。

勿体《もったい》ないですね。

「非営利の上演・上映」はれっきとした著作権法の制限規定です。作品は、心を込めて上演・演奏され、人々に感動を与えるためにそこにあるのであり、条件を充たすなら堂々と使えるべきです。

もちろん、正面から権利者の許可を頂いて、入場料などしっかり取って上演・演奏するのも選択肢です。また、作品を元の姿で上演・演奏することがOKなのであって、翻訳や実質的な改変には許可が必要です（逆に、既存の翻訳などは使えます）。同じく、上演や演奏の模様をネットにアップするなどの場合には、また別な条件をクリアする必要がありますから、注意しましょう（後の章で説明します）。

同じ条文の規定で、非営利・無償で書籍やCDを一般に貸し出すことも、許可なくおこなえます。この規定があるから、全国の図書館は業務をおこなえるのですね。DVDなどの映像資料も貸し出しはできますが、もう少し条件が絞られます。

写り込み、公開の美術などの利用（30条の2、46条）

次です。「写り込み」とは何かというと、皆さんがたとえばテーマパークに遊びに行ったとします。すると周辺では、よくキャラクター達がうろついていますね。大きいネズミさんとか。友達の写真を撮ると、バックに彼らが写ったりします。キャラクター達は著作物ですから、皆さんは無断で著作物を写真撮影したことになります。

これは「私的複製」（第8章）で良いのですが、私的な公衆送信というものはありませんから、せっかくの写真をツイッターにアップしたりできないことになります。それは困る。ではミッキー達が近づいて来たら追い払わないといけないのか？　可哀そうですね。

あるいは、友達の写真を撮ったら、Ｔシャツの胸にハローキティがプリントされていた。よくあることです。写真の背景に街角のポスターが写っていた。ポスターはたいてい誰《だれ》かの著作物（のコピー）です。では、これらの写真はどれもブログにアップできないのか。何かが写り込んだＴＶ映像は放送できないのか。

実はこれは、できます。２０１２年に導入された「付随的利用」という規定があって、写真撮影などの際に入り込んでしまった著作物は、利用できます。

条件は、①**写真撮影・録音・録画やスクリーンショットの際に**、②**対象物に付随して入り込む軽微な構成物の**、③**正当な利用であること**です。この条件を充たせば、写り込む著作物の種類は問いません。音の入り込みも大丈夫です。たとえばラジオ番組に宣伝カーの音が入ったりしても大丈夫です。むしろ入って欲しくはないですけど。

言うまでもありませんが、あくまで②**軽微な写り込み**が条件ですから、写真の中心に堂々と写っているのはダメでしょう。

ただし、実は建築物と公開の美術作品だけは別な制限規定があって、皆さんの作品の真ん中に堂々と写してもOKです。美術作品の場合にはいわゆるパブリックアートなど、「屋外の公開の場所に恒常設置」されている作品が対象です。これは、基本的には撮影であれ公衆送信であれ、自由に利用して良いことになっています。権利者の許可が必要なのは、「建築物を真似《まね》て同じ建築を作ること」「美術作品の複製品を販売すること」など極端な場合だけです。よって、建築物を大写ししたTV番組だって自由に作れますし、それをDVDにして売ることもできるのですね。

企画検討での利用、技術開発・情報解析など「享受のためでない」利用、検索サービスのための利用ほか（30条の3、30条の4、47条の5）

使えるケースの最後は、技術開発や検索サービスのための利用です。これもこの数年で導入された新規定たちです。条文を読んだだけではすぐに意味がわからないものもありますが、実は結構有益ですので主なものを紹介しましょう。

まず、（1）**許諾などを取る過程やその検討過程での利用**は、許可なく行えます。どういうことかというと、たとえばポケモンを利用した企画を立てる場合です。最終的には権利者の許可を貰う訳ですが、検討の過程でも企画書などでポケモンの画像を使うことがありますよね。それが許される、という規定です。

次に、（2）**享受に向けられていない利用**が許されます。典型例は、新しい録画機器を開発する際に、現に映像作品を録って再生してみないとスムーズに進みませんね。これは映像作品を味わって「享受」するためではない。そこでこうした開発や実験のために必要な範囲で、既存の映像を録画したり上映しても良いよ、という規定です。

同じ規定から、情報解析に必要な範囲での複製なども許されます。「ビッグデータ解析」という言葉がありますね。たとえば、ツイッターの膨大なつぶやきを何億と集めて分析し、人々の行動パターンを予想してビジネスにつなげたり、人工知能（AI）のディープラーニングに使うのが一例です。無論、あくまで「情報分析に必要な範囲での利用を許す」というもので、こうした範囲を超えて人の著作物をネット上で公開するようなことは、基本的には許されません。

また、（3）**所在検索サービスに伴う提供**も可能になりました。例えば、過去の書籍やTV番組を大量に蓄積してデータベースを作りますね。それを人々が探したいフレーズなどを使って検索できるようにして、そのフレーズの登場するのがどこにある何という書籍や番組かを見つけられるようにするのです。更に、その検索結果の提供に伴って該当箇所の数行の抜粋など、著作物の軽微な部分を表示することも可能です。つまり、第15章で紹介する「デジタル・アーカイブ」を日本でも作りやすくするための規定といえ、これもうまく活用したいところです。

そのほか、本書では詳しく書きませんが、制限規定はまだまだあります。大事なものも多いので、ここではいくつか代表例だけ見てみましょう。

図書館等での複製（31条）	政令で認められた図書館や博物館では、非営利事業として一定の条件の下で、①利用者に提供するための複製、②保存のための複製等をおこなうことができる。国会図書館では資料のデジタル化、絶版資料の全国図書館等への配信も可。
教科書等への掲載（33条）	学校教育の目的上必要な限度で、公表著作物を教科書等に掲載できる。ただし、著作者への通知と著作権者への補償金の支払が必要。
試験問題としての複製等（36条）	入学試験その他の試験・検定に必要な限度で、公表された著作物を複製・公衆送信できる。ただし、営利目的の場合には著作権者への補償金の支払いが必要となる。
政治上の演説等の利用（40条）	公開の場で行われた政治上の演説・陳述、裁判での公開の陳述は、基本的に自由に利用できるなど。
事件報道のための利用（41条）	時事の事件を報道するために、その事件を構成したり事件の過程で見聞される著作物を利用できる。
原作品の所有者による展示（45条）	美術・写真の原作品（オリジナル）の所有者やその許可を得た者は、所有作品を公に展示できる。
原作品の展示者による紹介・説明のための利用（47条）	美術・写真の原作品の適法な展示者は、観覧者への紹介・解説のために小冊子への複製や上映・配信ができる。また所在の告知のために作品の公衆送信等ができる。
コンピュータでの利用に付随する複製等（47条の4）	コンピュータでの著作物利用を円滑・効率的におこなうためのキャッシュや、保守・バックアップのために、必要な限度で利用できる。

その他の主な制限規定骨子

【レビュー（10）】

（1）①非営利目的で、②観客などから料金を受け取らず、③実演家・口述者に報酬を払わない場合、公表作品を上演・演奏・上映・口述できる。

（2）建築物や屋外の公開の美術の著作物は、撮影・録音・録画などして広い用途に利用できる。その他の著作物も、撮影やスクショの際の軽微な写りこみ等は許される。

（3）著作物の企画検討での利用、技術開発等のための試験利用、情報解析や所在検索のための複製等も一定の条件で許されるなど、各種の「制限規定」がある。

チェックテスト（10）

企業が宣伝広報イベントを入場無料でおこない、そのＢＧＭとしてＣＤ音楽を流した。「非営利の演奏」なので、ＪＡＳＲＡＣなど権利者の許可は不要である。○か×か。

答：×（企業の宣伝広報イベントは、基本的に営利目的と考えられるので許可が必要。）

第二部

応用編

第11章　ソーシャルメディアと著作権――つぶやきに気をつけろ！

前半では著作権の知識が中心でしたが、後半は、実際に学校や社会生活、ネット上などで出くわす個別の著作権の問いに答えていきましょう。

最初は、ずばりソーシャルメディアです。ソーシャルメディアとは、つまりツイッター、フェイスブックやＬＩＮＥなど、ユーザー自身が発信者にも受け手にもなるネットの各種サービスです。広くは、ＹｏｕＴｕｂｅやニコニコ動画のような投稿サービスもそうです。つまり、ネットは多かれ少なかれ、どれも多少はソーシャルです。

このソーシャルメディア、まさに著作権やプライバシーをめぐるトラブルの頻出分野で、トピックもあまりに多いので、以下、駆け足で注意点のみ説明しましょう。

何をつぶやいて良いのか？

最初の疑問は、「ソーシャルメディアで好きな歌詞をつぶやいたり画像をアップするのは、どこまでＯＫか？」です。ここでの考え方の順番は、①**人の著作物を使っているか**　②**利用**

が許可されているか　③引用その他の『制限規定』で許されるかです。

つまり、（1）たとえば歌詞でもとても短かい部分だけなら著作物ではありませんから、許可なく自由につぶやけます（29頁《ページ》）。「Let it go, let it go～♪」とか「世界にひ～とつだけの花♪」だけなら、恐らく大丈夫です。これに対して、もっと長い歌詞や小説の名台詞をつぶやいたり、好きなアニメの一コマをアップする場合、理論上は著作物の利用です。この場合、つぶやく／投稿するという行為は著作物の「複製」や「公衆送信」ですから、無断なら著作権侵害になりかねません。実際、多くのソーシャルメディアの利用規約で禁止していますね。

ただし、（2）利用の許可がある素材はもちろん使えますから、フリー素材などは大丈夫です（第14章参照）。また、（3）「引用」ならば許可がなくても大丈夫です。つまり、コメントするとか出来事を報じる目的で対象作品の一部を紹介する場合は、以前説明した「引用の条件」を充たせばOKです（第9章）。建築物や屋外の美術作品も、撮影してアップしても適法でしたね。画面の端にポスターやキャラが写り込んでしまった場合も、大丈夫でした（共に第10章）。

著作物のほか気をつけたいのが、「肖像」などの拡散です。人のプライベートな姿を撮ってアップするのは、肖像権という別な権利を侵害する可能性があるので要注意です。「アップしていい？」と聞くとか、明らかに公開されるとわかった上で相手が写っている場合でなければ、気をつけましょう。

著作権でも肖像権でも、「つぶやきや投稿の公開範囲」は重要な要素です。著作権法では、ある程度の人数が見たりシェアできる以上、どんな範囲で公開しようが権利侵害になる可能性はあるのですが、現実には、広く一般に見られる場へのアップではより慎重さが求められます。逆に、数十人の仲間しか見ないような場では、多少は自由にふるまう人が多いでしょう。

つまり、ソーシャルメディアと著作権などの関係を考える時に、前提としての法律知識は無論重要ですが、同時に鍵《かぎ》になるのは「どの程度やると相手の迷惑か」「怒られそうか」という常識というか間合いの取り方でもあるのです（少し意味は違いますが、「ネチケット」という言葉を使う方もいます）。正しい知識を持ちつつ、この間合いをきちんとはかれるユーザーを見ると「うまいな」と思います。

最後に「**リンク**」です。たとえば、誰《だれ》かが無許可で映像などをアップしている動画サイトにリンクを貼って、何かつぶやくだけならば、一般的には必ずしも著作権侵害ではありません。なぜなら自分はリンクで動画の場所を教えただけであって、自ら複製や公衆送信はしていないからです。とはいえ、悪質なサイトにわざわざ他のユーザーを誘うような極端な場合には、何らかの法的な責任が生じることもあります。やはりここでも「常識と間合い」が大事なのでしょう（２０２０年、海賊版サイト等への一定のリンク行為を規制する法改正がされています）。

なお、こうした間合いを間違えますと、しばしばネット上で炎上します。炎上は色々な文脈で起きますが、特に違法の疑いが強い行為の場合、炎上に対して言い訳のしようがなくなり、事態が拡大しやすいですね。

つぶやきが利用された！

以上は、読者が人の作品や肖像をソーシャルメディアに載せる場合でした。では、自分自身のつぶやきを人に利用された場合はどうでしょうか。もちろん、皆さんが撮った写真や作った映像を誰かが勝手にアップしたというなら、上の例と立場が逆になっただけで、同じことですね。引用（第９章）などにあたらないなら違法ですから、皆さんはクレームを付けることも出来ます。

でも、皆さんのつぶやきはどうなのでしょう？　たとえばツイッターの１４０字のつぶや

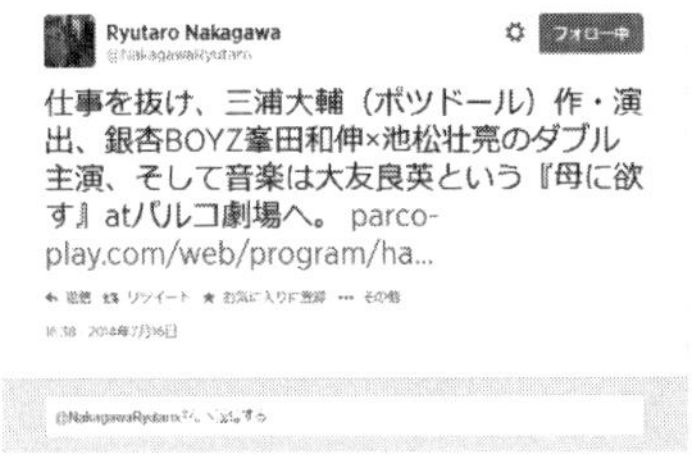

元ツイート。仕事を抜けて芝居に行く筆者の事務所のメンバー

公式RT（筆者のフォロワーのタイムラインに元ツイートが現れる）

きは著作物でしょうか。これは、十分あり得ます。もちろん、「朝からラーメン二郎マシマシなう。」などは無理です。無理というのは「朝からそれは無理」という意味もありますが、著作物と呼ぶには短すぎるという意味です。しかし、31音の短歌でも十分著作物になるくらいですから、ツイートもある程度個性がある内容なら著作物の資格は十分です。となると、人がそれをRT（リツイート）する、あの行為はどうなのか？

このＲＴですが、皆さんの発言がそのままの姿で拡散される「公式ＲＴ」と、他の人がコメントなどを添えてツイートする「非公式ＲＴ」がありますね。公式ＲＴは、実はアカウントを作る際にクリックする「利用規約」で皆さんが正面から認めている行為です。ですから問題はない（＝文句は言えない）でしょう。これに対して非公式ＲＴはもう少し微妙ですが、意味さえ曲がらず、最初の発言者のアカウントも出ているなら、ほぼＯＫという慣例のよう

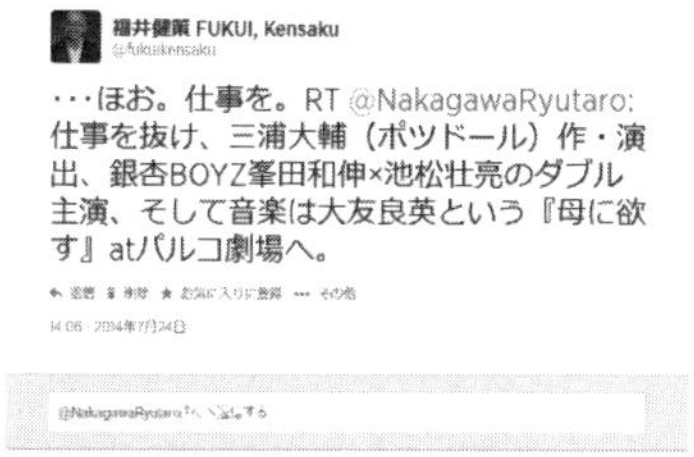

非公式RT（筆者のツイートの中で元ツイートが「転載・引用」される形）

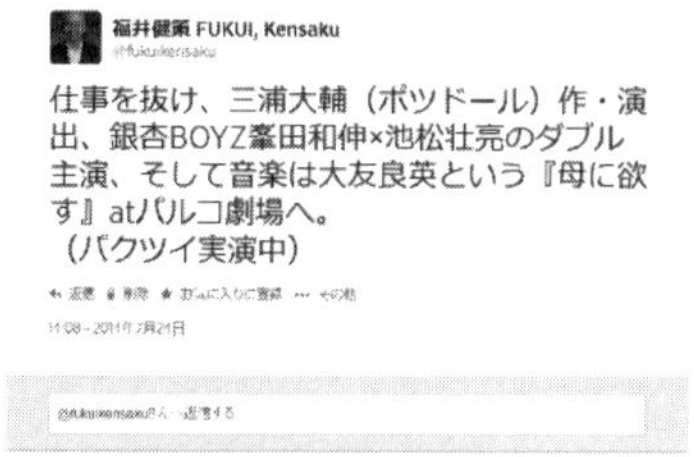

パクツイ（今回は本人了承済み）

なものはあると思います。

では、いわゆる「パクツイ」はどうか？　つまり、人のつぶやきをコピペして完全に自分の発言のようにつぶやいてしまうケースですね。仮に元のツイートが著作物といえるほど長いものならば、された側も不愉快でしょうし、恐らく著作権侵害としか言いようがないでしょう。

ならば、人のつぶやきを集めた「まとめ」はどうか？　たとえば、それぞれのツイートがリンクを通じて原形のまま表示されているなら、多くの場合侵害ではないのでしょう（104頁）。ただし、時折、人々の関心を惹《ひ》きたくて、あえて意味を曲げて煽《あお》るような編集をしている「まとめ」も見ます。言うまでもなく、名誉棄損や業務妨害といった犯罪にさえあたる可能性は十分ですので、まとめるならば責任をもって正確に、となります。

「利用規約」の秘密

さて、「利用規約」の話が出ました。皆さんは、こうしたソーシャルメディアを利用する時に、アカウントを作りますね。その際に、「利用規約に同意する」というボタンをクリックしているはずです。ソーシャルメディアに限らず、恐らく月に何回も利用規約に同意クリックしている、というユーザーも多いのではないでしょうか。

確かに同意しない訳にもいかなそうな利用規約ですが、皆さん、その内容はご存じですか。ツイッターでいえば、たとえば前述の公式RTやマスメディアでの転載など、皆さんはツイッター社が認める「ツイートの流用」に全て同意したことになっています。その期間は永久、地域は全世界、つぶやきの改変も自由なら、第三者の商売に使わせることもツイッター社の自由という、結構驚きの条件です。というか、ほとんどのソーシャルメディアで、利用規約の内容は似たりよったりです。

個人データが企業に集められて流出したり、ビジネスに転用される事件も相次いでいます。こうした**個人情報**も、皆さんは利用規約である程度の流用には同意したことになっています。ネットの利用規約は、かなり一方的に向こうの有利になっているものも多いのですね。

例えば、ユーザーへの禁止行為は数多くあって、第三者の著作権侵害はもちろん、ソーシャルメディアの中にはビジネスや勧誘行為を一切禁止しているものもあります。やり過ぎと見られれば、つぶやきはもちろん、アカウントの削除も先方の判断で自由です。レディー・ガガなど有名人の公式アカウントでも、たまにこれをやられます。不満に思ってメディア側にクレームする場合、最後は先方の地元で裁判、というルールになっています。たいていはカリフォルニアのＬＡ以外のどこかの町で。

なかなかヘビーですね。もちろん、「**消費者保護法制**」と言って行き過ぎの規約類に歯止めをかける法律もありますし、実際にやり過ぎた利用規約が炎上して会社側が謝った、などというニュースも少なくありません。とはいえ、ツイッターもフェイスブックも外国企業なので、実は日本のユーザーはたいして守られていないのが実態です。

考えなければならない課題ですが、まずは、自分にとって大事なサービスであればあるほど、一度くらいは利用規約を読んでみるのも良いかもしれませんね。本章は、ここまで！

【レビュー（11）】
（1）ソーシャルメディアで既存の素材を使う際には、①人の著作物を使っているか、②利用の許可があるか、③引用など「制限規定」で許されるか、を検討。
（2）通常はリンクだけで著作権侵害にはならない。
（3）ネットの利用規約では、投稿したコンテンツやユーザーの個人情報を、事業者がある程度流用できるような条件の場合が多い。

チェックテスト（11）

利用規約には我々が不安になる記載も多い。でも利用規約に同意しなければ、ソーシャルメディアは使えない。あのサービスを使わない生活なんて考えられない。我々は、どうすれば良いだろう？　1分間考えてみよう。

第12章　動画サイトの楽しみ方――違法動画を見てよい？「歌ってみた」は？

若者の休暇・休日。膨大な時間を利用して部屋に引きこもりジャンクフードにまみれて動画サイトを一日中見続ける者もいるだろう。青春だ。合宿で海や山に繰り出してひと夏の思い出を収めた、人が見ても何が楽しいのかさっぱりわからない写真や動画をアップしまくる者もいるだろう。青春なのだ。

という訳で、この章では動画サイトの楽しみ方をお届けします。もちろん、おもしろ動画の探し方なんて読者の方が詳しいでしょうから、あくまで著作権の面から見た「楽しみ方」になります。

動画サイトの隆盛

さて、変わらぬ人気を誇る動画投稿サイト。その代表格である「ＹｏｕＴｕｂｅ」は、世界のあらゆるネットサイトの中でアクセス数は第2位。もうこれより上は親会社のグーグルしかありません。今やユーザー数は約20億人をほこり、次々投稿される動画は1分あたり実に４００時間分。２時間の映画に換算するなら、１年間で１億本以上の新作映画が増えている計算という、世界最大の映像アーカイブです。日本発の「ニコニコ動画」は、画面コメント機能を武器に２０１０年代を通じて、オタク文化の聖地から大相撲《おおずもう》・将棋棋戦までを呑《の》み込む大プラットフォームに成長しました。

HIKAKIN「アナと雪の女王 レットイットゴー」

もっともこうした動画サイト。当初の評判は決して芳しいものではありませんでした。というのも、ＹｏｕＴｕｂｅ成長の原動力は、ユーザーがＴＶ番組を録画してこぞってアップしたことだったからです。よって最初は著作権侵害の代名詞のように言われました。いや、ＹｏｕＴｕｂｅやニコ動こそ侵害対策を相当に進めていますが、今でも実質は違法サイトとしか言いようがない動画サービスはあり、時には逮捕者も出ます。一方、適法な動画で数十万といったアクセス数を稼ぎ、動画投稿によるＹｏｕＴｕｂｅからの収益配分で生活しているＹｏｕＴｕｂｅｒ達は、一躍あこがれの職業になりました。

「歌ってみた」「弾いてみた」はOKなのか？

いや待て待て。待てって。これ「アナ雪」じゃないですか。そういえば人気の「歌ってみた」「弾いてみた」ですが、たいていは人の曲を無断でネットにアップしてますね。前記のHIKAKIN動画なんて、左下に音楽以前の問題もある気がしますが（笑）、著作権侵害ではないのか？　動画を投稿しようと思う人が、最初にぶつかる疑問のひとつでしょう。

実はこれ、曲については出来ます。JASRAC《ジャスラック》（日本音楽著作権協会）という団体名は聞いたことがありますね。次章で詳しく紹介しますが、国内外のプロの曲のほとんどの著作権を管理して、侵害も取り締まる硬派な団体です。実はこのJASRACなどの著作権管理団体とYouTubeやニコ動のような主要な動画サイトは、「**年間包括契約**」というものを交わしています。例えば、個人がアップする広告以外の動画にはどの曲でも使っても良いという、包括の許可をもらっているのですね。料金は、動画サイトが収入の一部を収める形です。

ただし注意点があって、この許可の対象は基本的に歌詞と楽曲（メロディ）なのです。CDなど、それを第三者が歌ったり演奏した「音源」を使う場合、レコード会社などが「**著作隣接権**」という別な権利（業界的には原盤権なんて言います）を持っていて、ネットで流すならその許可もいります。中には、レコード会社が動画サイトと提携して、一部の音源は許可なく投稿に使えるようになっている場合もあります。もちろん、自ら演奏するとか、アカペラとか、ＤＴＭやボーカロイド（ボカロ）で作った音源などはまさに大手を振ってアップできる訳です。「踊ってみた」も、自分達の音源に自分達の振付で踊るものなどは完全に適法にできます。

グレー領域で花開く二次創作

こうしたことで10年代に爆発的に流行したもののひとつが**ボカロ動画**ですね。先ほどの包括契約がありますから既存曲を使っても作れますし、そもそもボカロ曲を自ら作曲してアップする人も増えました。図はボカロ動画全盛期の代名詞ともいえる「千本桜」（黒うさＰ）です。

そしてこのボカロを中心に、二次創作といわれる文化が花開いたのも投稿サイトの一大特徴でしょう。「千本桜」でいえば、２０１１年のオリジナル版のアップから24時間以内には、早くもその動画やボカロ音声を利用した「踊ってみた」「歌ってみた」が登場しています。

その後続々と増えて、誰かが踊った「千本桜」動画の振付をさらに流用して、ＭＭＤという３ＤＣＧソフトで戦国武将に踊らせた「毛利で千本桜」なんて、二次創作の二次創作も登

初音ミク『千本桜（オリジナルPV）』

endles　sky「モーヲタの総統閣下が紅白出演者発表にお怒りのようです。」

場します。さらには神業と称された「千本桜を定規で弾いてみた」なんていうのもあって、現在でも、「千本桜（黒うさP）」のタグがある関連動画は実に８０００本以上存在します。

　前述の通り動画サイトで自由にアップできるのは基本的に歌詞・メロディなので、誰かが録画したＴＶ番組などをアップすれば違法です。ただボカロは、少なくともニコ動上では動画など含めてお互いに流用自由という慣行がかなり確立されていて、（無論限度はありますが）こういう二次創作が花開く土壌になった訳ですね。

もっとも、これはあくまで特定分野での話であって、どんな動画サイトにもあてはまる訳ではありません。たとえば「ＭＡＤ」と言われる分野があります。既存の映画などのシーンを利用して二次創作したパロディ動画などを広く指しますが、前頁下の図版は一時隆盛を誇った「総統閣下シリーズ」です。元になったのは、ブルーノ・ガンツというドイツの名優が主演した「ヒトラー〜最後の12日間〜」という２００４年の映画。その中で第二次世界大戦終幕に追い詰められたドイツの独裁者ヒトラーが、部下たちの前で激高するシーンがあって、まさに鬼気迫る名演なのです。ところがドイツ語なのをいいことに、それに勝手に全然違う字幕を付けるＭＡＤが世界的に広まりました。

図版は、モーオタである総統閣下がモー娘。の紅白連続落選の報に激怒する設定で、筆者などにも比較的わかりやすかった作品です。（この辺り、編者を務めた『インターネットビジネスの著作権とルール』（ＣＲＩＣ刊）に、池村聡弁護士の詳しい解説がありますので興味があればお読みください。）

こうしたＭＡＤ辺りはボカロ動画のような慣行もなく、当然著作権の問題をはらんでいて、ある種独特のグレー領域で成立（？）している分野です。後ほど「パロディ・二次創作」

（第19章）で詳しく説明しましょう。

しかし「歌ってみた」「弾いてみた」のように堂々とおこなえる動画アップもありますので、皆さんも注意点には気をくばりつつ挑戦してみてはどうでしょうか。

違法動画を見るのも違法？

さて、そうはいってても市販の映画やアニメをそのまま無断アップして稼ごうとするなど、悪質な違法動画もまだまだ多いのが実情です。違法動画の場合、何万回再生されて見られても、元の作家にも映像会社にも収入は全く入りません。深刻な問題で、ＹｏｕＴｕｂｅなどが権利者とも協議して対策を進めているところです。

では、違法動画を見ると、見た人も著作権侵害になってしまうのか。これは大丈夫です。第8章〜第10章でご紹介した著作権の「制限規定」はここにもあって、違法動画でも通常の方法で視聴するだけならば著作権侵害にはあたらないとされています（98頁の47条の8）。

とはいえ、悪質な海賊版だと承知しつつ見て楽しむのは、あまりお勧めはできない行為です。また、適法なのはダウンロードを伴わない場合の話です。違法アップだと知りながら、動画を録画・録音すると、たとえ個人的に楽しむためでも著作権侵害になるので、要注意です。第8章でご紹介した、「ダウンロード違法化」ですね。
という訳でルールを守りつつ、楽しい動画ライフをお過ごしください。

【レビュー（12）】

（1）JASRACなどの著作権管理団体とYouTube・ニコ動などの主要な動画サイトは「年間包括契約」を交わしており、個人がアップする広告以外の動画などなら彼らの管理曲を利用できる。
（2）しかし、MADなど多くの二次創作は特に許す規定や契約はなく、「グレー領域」で生息している場合が多い。

チェックテスト（12）

YouTubeやニコ動を念頭に、次のラフな表のA・Bを埋めてみよう。

個人が既存の歌詞・楽曲を歌ったり演奏する映像のアップ	基本的にＯＫ
既存の映画やアニメの動画を録画してアップ	許可がない限りＮＧ
違法動画だと知りながらつい見てしまった	【Ａ】
違法動画だと知りながら自宅ＰＣにダウンロードした	【Ｂ】

答：Ａは「基本的にＯＫ」Ｂは「ＮＧ」（後者は、「ダウンロード違法化」によってたとえ私的な目的でも違法。）

第13章　ＪＡＳＲＡＣと音楽利用のオキテ

いよいよこの章は待ちに待ったＪＡＳＲＡＣ《ジャスラック》です。ひゃっほう！　果たして、ＪＡＳＲＡＣ（一般社団法人日本音楽著作権協会）とは何をする団体なのか？　お金を沢山集めるところです。（この章終わり）

って終わっちゃいかん!!　そんな一言で片づけては勿体《もったい》ないほど、私たちの社会生活に深く根付いているのが、ＪＡＳＲＡＣなどの著作権の集中管理団体なのです。今回はそのお話。

著作権をまとめて管理

ＪＡＳＲＡＣなどの**集中管理団体**は、その名の通り膨大な作品の著作権をまとめて管理している組織です。たとえば音楽でいえば、「著作物」とは歌詞と楽曲（メロディ）でしたね。これらはＣＤ録音などの「複製」、ライブなどの「演奏」、放送やネット配信といった「公衆送信」にいたるまで、全国津々浦々で日々使われています。カラオケで歌うのだって、お店のＢＧＭだって「演奏」のうちです。

今や、放送ひとつとってもテレビ・ラジオ局は全国に無数にあって、どの曲がいつどこで流れたかなんて到底把握できません。よしんば把握したとしても、作曲家・作詞家が自ら全国のコンサート会場や放送局に出かけていって、使用料を徴収する訳にもいきませんね。

そうしたことから音楽の分野では他に先駆けて、著作権を集中して管理する団体が世界的に発達したのです。日本でいえば代表格はＪＡＳＲＡＣで、プロの曲の95％以上はＪＡＳＲＡＣが管理していると言われます（ほかにＮｅｘＴｏｎｅなどの集中団体も活動中）。そこで一括して曲の利用の許可を出し、使用料を徴収し、無断使用があれば取り締まるという、いってみれば音楽著作権のデパートのような存在なのですね。こういう専門業者のことを「**著作権等管理事業者**」といいます。

「管理」と書きましたが、正確には作詞家・作曲家は音楽出版社などの団体を通じて、その著作権をＪＡＳＲＡＣに委託します。これは「信託」と言って、管理してもらうためにいったん著作権を譲渡する形ですね。いわばＪＡＳＲＡＣが著作権者になりますから、もはや作詞家・作曲家自身といえども、基本的に自作曲を自由には使えなくなります。

しかも、ＪＡＳＲＡＣは各国の同種の団体と「相互管理契約」というものを交わしていますから、海外のプロの楽曲も日本での窓口はたいていがＪＡＳＲＡＣです。逆に、日本の楽

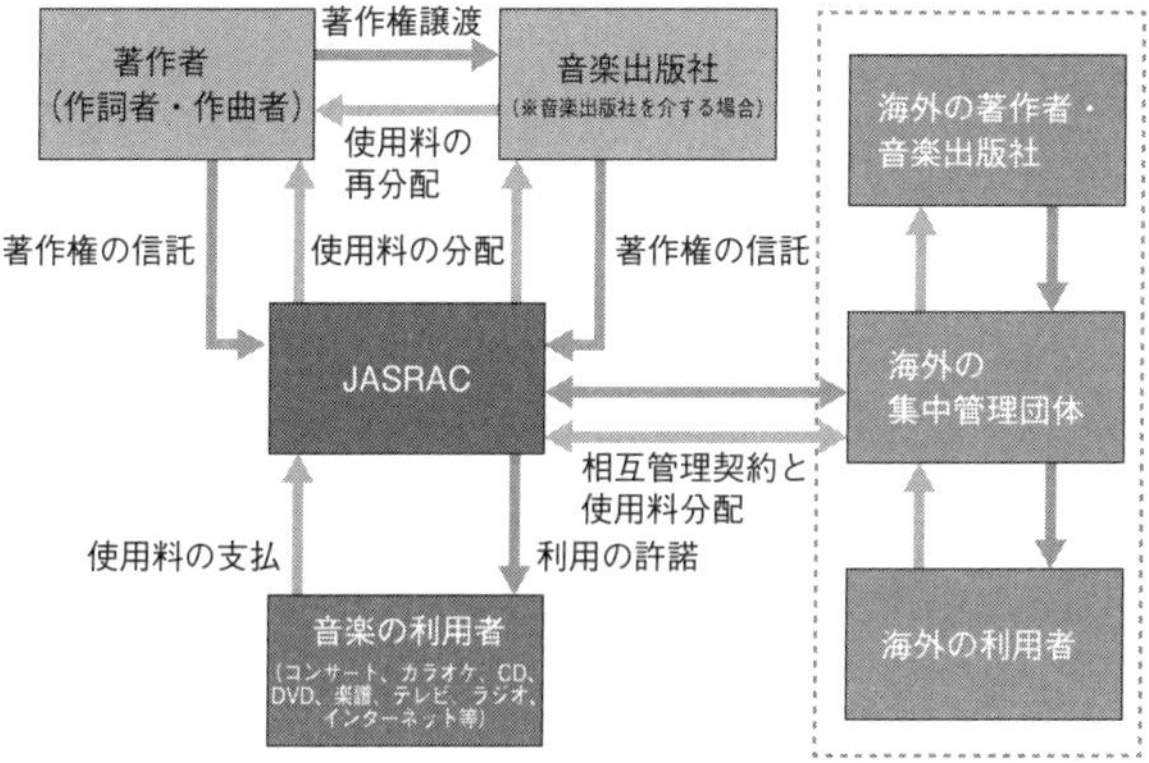

音楽著作権の管理イメージ図（JASRAC の場合。参考：CNET Japan）

曲が海外で放送されたり歌われた場合も、使用料はこうした各国団体が徴収して、ＪＡＳＲＡＣなどを経由して日本の作詞家・作曲家・音楽出版社に分配されます（図）。こうしたことから、同協会が管理する国内外の楽曲は、データベース上でカウントできるだけでも現在４００万曲以上です。

使用料は、用途や規模ごとに使用料規定が事前に決まっています。たとえば、ＣＤが製造された場合、定価の約６％が音楽著作権の使用料としてＪＡＳＲＡＣに支払われます。コンサートなら、80％売れた場合のチケット総売上の５％などが音楽使用料分です。放送の場合にはいちいちカウントするのが難しいという理由で、多くの放送局は「年間包括契約」というものをＪＡＳＲＡＣと交わしています。およそ、年間の放送事業収入全体の１・５％がＪＡＳＲ

ACなどに払われます。

実際に曲の使用許可をとってみよう！

硬派なJASRACは、無断使用や海賊版を見つければ民事訴訟や刑事告訴にも積極的に踏み切ります。許可を与えて使用料の徴収をはじめる分野も広がっていて、ダンス教室も裁判の末に今や使用料をJASRACに払っています。フィットネスクラブも支払を開始しました。プロレスラーの入場曲がありますね。ミル・マスカラスの「スカイ・ハイ」とか（古い！）。これもきっちり取り立てています。プロレスラーよりJASRACの方が強いのですね。

時に、ある種の強面《こわもて》ぶりが嫌われて（?）、ネット上では「カスラック」など悪口を言う人もいるようです。確かにこの団体、時どき間違ったことも言います。「著作権の保護期間を大幅延長しよう」とか。2018年には、全国の音楽教室での指導・練習も「公の演奏」とみなして使用料を徴収するという方針を発表し、その法的な根拠はともかく、音楽教育への影響を心配する多くの反発を受けもしました。

しかし、筆者は率直に言って、人が真剣に取り組んでいる仕事を「カス」と呼ぶような態度は嫌いです。それに、著作権が集中的に管理されていること自体は、決して悪いことではありません。考えてもみて下さい。さまざまな作品ジャンルの中で「今から30分以内にこの作品をネット配信する許可を取ってきて」と言われて、仮にも出来るのは音楽（楽曲）くらいです。ちょっと実際にやってみましょう。

筆者が近所のオヤジ仲間と、アカペラで甲斐バンドの「ＨＥＲＯ（ヒーローになる時、それは今）」を歌って、ネットで公開したくなったとします。こういう時は、ＪＡＳＲＡＣのホームページに行って「Ｊ－ＷＩＤ」というデータベースを開き、曲名を入力します。すると誰《だれ》が曲の権利者か、誰がこれまでカバーで歌ってきたかが一目でわかります（次頁図）。

これまで、嘉門《かもん》達夫さんや宝塚歌劇団（！）などがカバーしてきたようですね。中段右上側に（Ｊ）というマークが並んでいるのがわかりますか？　これが、ＪＡＳＲＡＣがこの曲について管理している利用形態です。「配信」という利用もＪＡＳＲＡＣ管理ですので、ＪＡＳＲＡＣの手続で、こうした曲を自分で歌ったり、ボカロに歌わせてネット配信できることがわかります。

次に、実際の利用許可をとってみましょう。個人が全くの趣味で無料配信するなら、ＪＡＳＲＡＣの使用料規定からは、１曲あたり月額１５０円の使用料がかかることがわかります。

そこで、オンラインで申請します。JASRACのオンライン窓口「J―Takt」にアクセスして、住所・氏名や作品コード、使用法・使用期間などを入力し、自動作成される申込書に押印して発送すれば完了です（図）。

JASRAC トップページ（中央右上に J-WID）

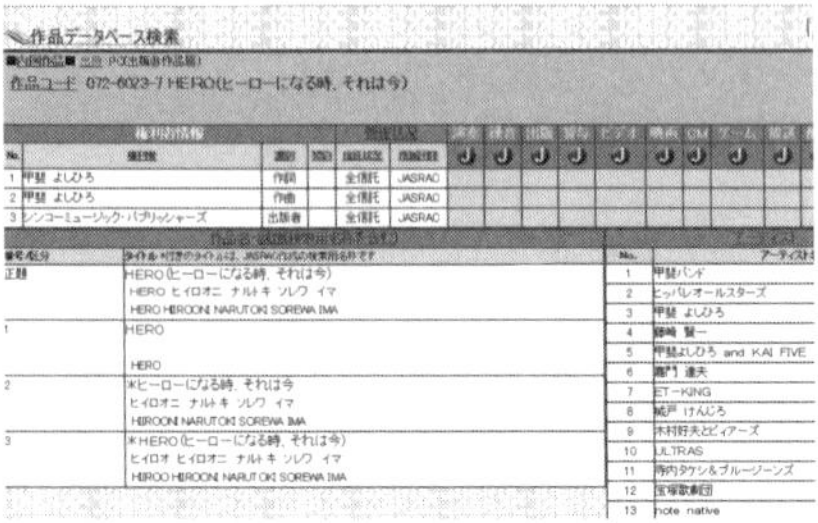

J-WID「HERO（ヒーローになる時、それは今）」検索結果

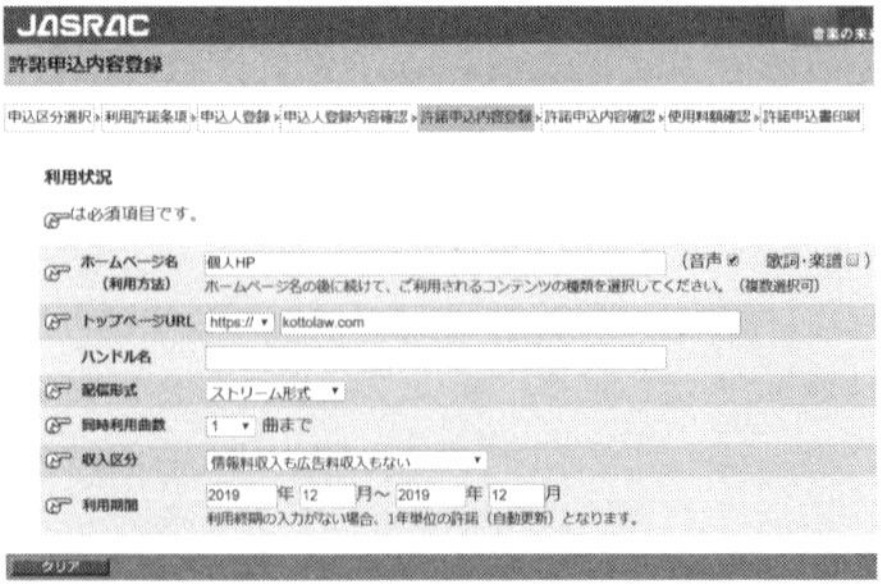

J-Takt 登録画面

（画面はいずれも初版発行時）

この間約10分。「それがどうした?」と思われたかもしれませんが、少なくとも他のジャンルのコンテンツと比べればこれはかなりすごいことです。たとえば、同じ「HERO」でも、キムタク主演のTVドラマ「HERO」の1シーンを、筆者が事務所のHPで動画配信しようとなるとこうはいきません。恐らく1カ月かけようが許可じたいが下りないでしょう。

それ以前に、今や多くの動画サイトはJASRACと包括契約を交わしており、だから皆さんも「歌ってみた」を投稿できるのだ、という話は前章でしましたね。ですから、アカペラで甲斐バンド「HERO」を歌ってYouTubeやニコ動に上げるならば、手続や支払じたいが要らないのです。

過去の大量の作品をデジタル化して活用しようとすれば、個別に権利者を探し出して交渉をして、ネット配信の許可を取るというのはなかなか困難な作業です。数万・数十万アイテムではまず不可能でしょう。しかし、JASRACのような集中管理団体があれば、可能です。こうしたことから、デジタル立国のためには他のジャンルでも「書籍版JASRAC」「映像版JASRAC」が必要だ、とする議論もあります。

JASRACなどの管理が及ばない利用も

もちろん、あまりに権限が一団体に集中すれば運営が硬直的になったり、一方的な条件がまかり通りやすくなるというマイナス面があります。そこは厳しい監視の目も必要でしょう。また、JASRACなどを介した音楽の利用には、いくつかの重要な条件や限界もありますので、注意が必要です。

(1)言うまでもなく、JASRACなどが管理しない「非レパートリー曲」やJ―WIDで「J」マークが付かないような「非管理分野」は、権利者からの個別許可がないと使えません。一部の外国曲、インディーズ系、ゲーム音楽系などは要注意でしょうか。

(2)前章にも書いた通り、彼らが利用の許可を与えられるのは歌詞・楽曲です。つまり作詞・作曲の部分です。それを誰かが歌ったり演奏した実演・音源などには「**著作隣接権**」という別な権利が働きますから、別途利用の許可が要ります。これはしばしば、レコード会社が権利を管理しています。

(3)JASRACなどは理論上、原曲を**編曲**(アレンジ、オーケストレーション)する許可は出せません。もちろん現実には、カバーCDなどを出す際には多少のアレンジはおこなうケースが多いでしょう。しかし、きつめのアレンジを無許可で加えた場合など、時に作詞家・作曲家から「著作者人格権」などに関わるクレームを受けることもあります。この辺り、バランス感が重要ですね。

（4）曲のCM使用・ゲームでの使用や外国曲の映像使用（いわゆるシンクロ利用）は、「指値」といって、JASRACが管理する曲でも条件は個別交渉となっています。時に、使用料は極端に高額化することがありますので、要注意です。

（5）一部外国のミュージカル曲を上演するなどの「演劇的な使用」は、「グランドライツ」といって個別の権利処理が必要になります。などなど。

音楽はしっかり集中管理されていて便利な反面、注意すべき落とし穴も少なくありません。そうした点に気を配りつつ、大いにJASRACなどの団体を活用しましょう。先人の素晴らしい音楽は、歌われ演奏されるためにそこにあるのです。

ただし、お忘れなく。第9章・第10章でご紹介した「非営利・入場無料・ノーギャラ」や「引用」の条件を満たせば、許可・支払は不要でどんな曲でも利用可能です。

【レビュー(13)】

(1)JASRACなどの音楽の著作権等管理事業者は、作詞家・作曲家などから歌詞・楽曲の権利を信託されて、使用料規定に従って誰にでも利用を許可する。

(2)JASRACなどは大部分の音楽著作権を管理するが、実演家などの著作隣接権は管理せず、また「CM利用」「シンクロ利用」など権利者との指値交渉が必要な分野もあるので要注意。

チェックテスト(13)

音楽の著作権がJASRACに信託された後も、作詞家・作曲家自身は基本的に自作曲は自由に使える。○か×か。

答:×(権利が信託されれば、以後は作詞家・作曲家もJASRACの使用許可を得ないと使えないのが原則。)

第14章　作品を広めるしくみ——噂の「CCマーク」を使ってみる

さて次は「こうすれば作品を活用できる」シリーズのクライマックス。マスターして友達と差を付けようぜクリエイティブ・コモンズ、です。

クリエイター自身が作品の利用ルールを公開

「クリエイティブ・コモンズ」（Creative Commons）などのパブリック・ライセンス。これはどういうものかと言うと、前章でJASRACなどの集中管理団体の説明をしましたね。JASRACは国内外のほとんどのプロの楽曲を数百万曲というレベルで管理していて、そこに申請すれば幅広い利用の許可を得ることができます。これは素晴らしいことです。しかし、今や世の中にある音楽・画像・文章などの「作品」は、それをはるかに上回るペースで激増を続けています。

たとえば前述の通り、YouTubeには1分間に400時間分以上の動画がアップされ続けていますし、後述する写真投稿サイト「Flickr《フリッカー》」にアップされた写真は、すでに100

Flickr上で無償提供されている写真の例
(上：Thomas Leuthard [CC BY]、下：Moyan Brenn [CC BY ND])

億枚を超えます。その多くはいわゆるプロではない方が作ったもので、ＪＡＳＲＡＣのような権利団体は著作権を管理していません。そもそも、音楽以外の多くの分野では、数百万はおろか数十万作品というレベルですら、統一の窓口で利用許可を取れる仕組みは存在しないのです。

ですから、ネット上でおもしろい作品があふれていても、それを皆さんが見つけて自分のウェブページに転載したいとか二次創作に活用したいと思ったら、個別の許可が必要になります。その連絡や交渉は、決して容易ではありません。

しかし、実際にはこうした多くのクリエイターは、自分の作品を売って生計を立てている訳ではありません。複雑な仕組みで利用を許可して対価を貰《もら》いたいとは必ずしも思っておらず、むしろ自分の作品が人々に愛されて広まるなら、それだけで嬉《うれ》しいという方が多いでしょう。あるいは、作品を売ることに興味があるとしても、世の中には作品があふれていますから、まずは目立って人々に評価されなければいけません。作品を見てもらい、気に入って広めてもらわないと話は始まらないのです。

そこで、「パブリック・ライセンス」という仕組みが注目を集めています。これはクリエイターが作品を発表する際に、人々が利用できる条件を最初から記載してしまうのです。つまり社会の不特定多数の人々に対して、初めから一定条件で利用を許可して作品を公開してしまう訳です。たとえば「非営利目的なら自由に使って良いよ」という具合ですね。人々はその条件を守るなら、クリエイターに個別に連絡を取ることなく、自由に作品を使うことができます。利用条件を守らず使えばどうなるか？　それは単なる著作権侵害です。パブリック・ライセンスがない通常の作品を、誰《だれ》かが黙って使った場合と同じですね。

世界で最も普及するクリエイティブ・コモンズ

こうした試みは世界的にも多くて、フリーソフトなどに使われる「ＧＰＬ」は有名ですし、日本の文化庁の「自由利用」マークなどもあります。その中で、世界的に最も普及して14億点以上の作品に付けられており、今や世界中に支部を持つのが**クリエイティブ・コモンズ**

[表示]
作り手のクレジットを適切に表示すること
[非営利]
基本的にお金儲けはNG, でも許諾を取ればOK
[改変禁止]
作り手の作品を改変しないこと
[継承]
作り手と同じライセンスで公開すること
CCの４つのマーク

（ＣＣ）です。日本ではコモンズフィア（ＣＣＪＰ）という団体が管理しています。これは、次の４つの簡単なマークの組み合わせで、６通りのライセンス条件を選び、自分の作品に表示するだけ、というシンプルな仕組みです。

たとえば、選んだマークが「表示―改変禁止」なら、「私の名前を表示してくれる限りは、皆さん自由にビジネスにでも個人的にでも転載・ネット配信などに使ってください。ただし改変はいけません」という意味です。「表示―非営利―継承」なら、「名前を表示してくれる限りは、皆さん非営利目的に使ってください。改変・二次創作も自由です。ただし二次創作で出来たあなたの作品も同じＣＣの条件で公開してくださいね」という意味です。なお、「表示」は６通りのライセンスすべてに含まれており、必ず選ぶものとされています。（本書の掲載写真で撮影者の表記があるものは、実は全てこの「ＣＣ」ライセンス付きで公表されたものを転載しています。）

マークを付けたからといって、クリエイターは著作権を放棄する訳ではありません。あくまで著作権は持ちながら、条件に従った利用を社会に向けて広く認めるものです。ただし公開する以上、人々はそれを信頼して使いますから、使った相手への許可を自由に撤回することは出来ません。

さらに一歩進み、「CC0」というものもあります。これは著作権を基本的に放棄するもので、「私の名前も表示せずに、営利目的でも二次創作でも、自由に使ってください」という意味です。当然ですが、著作者本人がCCマークを付けることが原則です。人の作品に勝手にCCマークを付けて公開してはいけません。

クリエイティブ・コモンズで自由利用できる、無数の作品たち

前述した通り、CCマークは今や爆発的に普及しており、多くの有名なサイトでも取り入れられています。たとえば写真でいえば、前述の「Flickr」では投稿する際に人々はCCマークを付けるか選ぶことができ、今や5億点以上の写真にCCマークが付いているとされます。そういう条件で写真を検索することもできます。

ためしにFlickrで「penguin《ペンギン》」という言葉を入力して、検索結果をCCライセンス付きの

Flickr上でCCで無償提供されているペンギン写真たち

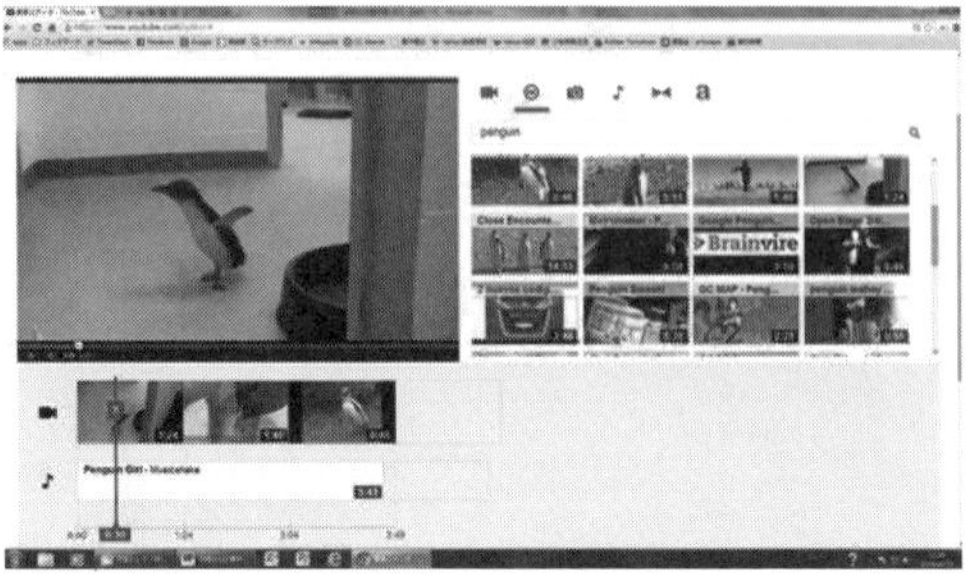

YouTube動画エディターでペンギン動画を編集中

条件でソートしてみましょう。膨大な数の、素敵なペンギンの写真が見つかります。これらは自由にダウンロードして、（作家名の表示など条件に従いさえすれば）皆さんの活動に使って良いのです。

ＹｏｕＴｕｂｅも、やはり動画を投稿する際にＣＣマークを付けるか選ぶことができ、また動画を検索する際にＣＣマーク付きのものを指定することもできます。ＹｏｕＴｕｂｅはまた、「動画エディター」というサービスを提供しており、そこでは自分がアップした動画とこうしたＣＣ付きの無数の動画やフリー素材の音楽から自由にチョイスして、画面上で簡単にオリジナル動画を作り、そのまま公開することもできます。

音楽もあります。代表的な音楽投稿サイトの「SoundCloud」も同様にＣＣマークを取り入れていて、やはり無数の自由利用できる音楽を探すことができます。さらに、世界最大のネット百科事典「ウィキペディア」は、今やすべての記事にＣＣ「表示―継承」がついており、転載はいつでも自由におこなえます。

ですから、たとえば大学のレポートにウィキの記事をコピペしても、実はちゃんと出典さえ記載すれば著作権侵害ではありません。（もっとも、コピペの多いレポートが大学や各先生のルールとして許されるか、高い評価を受けるかは全く別問題です。）また、クリエイティブ・コモンズ自体が、こうした様々なサービスを横断してＣＣマークのついた作品を検索できるデータベース「ＣＣサーチ」を提供しています。

CC サーチ。「夏休み」で何か検索しようとしているところ

このように、ＣＣは大きく広がりつつあり、たとえば初音ミクのデザインにもいまや採用されています。そのほかグーグルはもちろん人気のプレゼンサイト「ＴＥＤ」から大学のオープン講義（ＯＣＷ）まで、世界的に注目の多くのサービスが軒並みＣＣを採用しています。（ちなみに筆者の事務所の法律コラムにも、ＣＣマークが付いています。）

広がるパブリック・ライセンスの可能性

もっとも、クリエイティブ・コモンズにも課題はあります。ひとつは、それ自体では利用を許すだけで対価を貰う仕組みがないため、たとえわずかでも利用から収益が欲しいという方は使いづらい点です。ただ、ＣＣとはつまりそういう思想のものですし、たとえば非営利の利用は広く自由に認めて、営利目的で使いたい方からは別途対価をもらう、といった作品の広め方も一般的ですね。

もうひとつの課題は、ＣＣというのは「コピーは○だけど二次創作は×」という選び方も、

「コピーも二次創作も○」という選び方もできますが、「コピーは×、二次創作は○」という選び方が現状では出来ないのですね。そういうマークが無いのです。そうすると、第12章でお話ししたような「二次創作・パロディ」を許したいという原作者がいた場合、選びづらいと言われます。

というのは、商業誌で連載中の漫画家や出版社などには、コミケ（コミックマーケット）の同人誌のような二次創作は構わないが、原作をそのまま配布されては商売あがったりだ、と思う方が少なくないからです。ですからＣＣ「表示―継承」といったマークは付けにくいのですね。

こうしたことから、漫画家の赤松健さんの提唱で、ＣＣを運営するコモンスフィアや筆者たちも協力して、２０１３年には「**同人マーク**」というパブリックライセンスが試験的に発表されました。これはコミケなどの同人誌即売会での販売に限って二次創作は自由にどうぞ、ただし原作のまま配布するのはＮＧ、というマークです。

パロディ同人誌は OK、の
意思表示「同人マーク」

自作の音楽・動画・文章にCCマークを付けてみよう

無限に広がり続けるパブリック・ライセンスと創作・流通の連鎖。皆さんも、その気になれば自作の音楽や動画、文章などにCCを付けることができます。方法は簡単。

（1）前述のFlickrやYouTubeのように、作品をアップする際にCCマークを選べるサービスは少なくありません。この場合には、画面の指示にただ従うだけです。

（2）それ以外の場合には、クリエイティブ・コモンズの「CCライセンス付与」ページに行って、画面の指示通りに希望の条件を選べば、CCマークのアイコンとコードが自動表示されます。それを作品のウェブページなどに貼り付けるだけです。これで、世界中の人が皆さんの作品をCC作品として検索し、使うことができるようになります。

もちろん、作品の中に他人の著作物が混ざっていたり、プライバシーを侵害するような動画・写真を公開しないよう注意するのは当然です。

パブリック・ライセンスを上手に使って、皆さんも作品を発表し活用してみましょう！

【レビュー（14）】

（1）クリエイターが作品を発表する際に人々が利用できる条件を最初から記載する「パブリック・ライセンス」の普及が進んでいる。
（2）最も普及するクリエイティブ・コモンズ（CC）は、「表示」「非営利」「改変禁止」「継承」の4つの簡単なマークを組み合わせ、YouTubeやFlickrなどで広く採用される。

チェックテスト（14）

次のものは○か×か。

①パブリック・ライセンスが表示されていれば、基本的にクリエイターから別途許可を取らなくても作品を利用できる。

②クリエイティブ・コモンズマークは、非営利の作品利用だけを認める。

答：①○、②×（ＣＣマークは「非営利」を選ばない限り、商業利用を含めて認めたことになるので②は誤り。）

第15章　青空文庫を知っていますか？——著作権には期間がある

「18歳の著作権入門」第15章。ついに全体の4分の3に達しました。この章は、特に重要な著作権の寿命のお話。

皆さん、よく駅や新聞広告などで映画のDVDがとても安く売っているのを見ませんか。昔は「500円DVD」なんて言われましたが、今やもっと安いですね。セットで1枚200円以下のものまであります。通常の映画のDVDは（安くなったとは言っても）1枚1500円以上はしますから、200円とは驚きですね。あれは何でしょうか。海賊版？

よくパッケージを見ると、しばしば「この映画はPD作品です」なんて書いてあります。PDとは「**パブリック・ドメイン**」の略で、「著作権が切れているから誰《だれ》でも作品を利用できるよ」という状態を指すのです。

死後50年（又は70年）経過で著作権消滅

著作権には保護期間があって、それが過ぎると誰でも自由に利用できるようになります。

いわば、作品は社会の共有財産になるのですね。この原則は、長く**「著作者の生前全期間＋死後50年」**でした。つまり著作者（クリエイター）が生きている間はずっと保護され、その死亡の翌年の1月1日から起算して50年経過後の年末に、著作権は消滅するルールでした。これは、かなり長い期間です。仮にクリエイターが創作から30年生きたとすると、30年プラス死後50年で合計80年間。同じ「知的財産権」でも、特許権と比べるとだいたい4倍もの期間があります。

ただし、ペンネーム（変名）や匿名の場合、いつ亡くなったかよくわかりません。また団体名義の作品の場合、死にません。よって、こうした作品は死後ではなく、「公表の翌年から50年間」の保護になっていました。作品はたいてい生前公表されますから、これは普通、死後50年より早く到来します。長生きの方など、場合によっては生きている間に著作権が切れてしまうかもしれません。

まだあります。映像作品の場合には、実は著作者は監督だけとは限らず、プロデューサーやカメラマンなど、複数いるかもしれないのです。複数の著作者がいる場合は、その最後に亡くなった方の死後50年と数えるのが原則ですが、映画の場合、候補が多くて誰と誰が著作者なのか外からはわかりにくい。そこで映画は死後起算ではなく、「公表から70年」となりました。（以前は公表から50年でしたので、１９５３年以前に公表された映画は、公表後50年で保護期間が切れるのが原則です。）

以上が、廉価版ＤＶＤの秘密です。つまり、「１９５３年以前の映画は著作権が切れている」といった理解でＰＤと判断して売っているのですね。

ところが、これで終わらないのが保護期間の厄介なところです。実は古い映画は、今の著作権法の前の「旧著作権法」からの経過規定があって、監督などの没年によってはもっと長く守られることがあるのです。現に、チャップリンの１９１０年代の映画や黒澤明の１９４０年代の映画など、とっくに著作権が切れていそうな作品の廉価版ＤＶＤについて、「まだ保護期間が続いている」という判決が出たりしています。

一方、映画以外の著作物ですが、こちらは米国の要求などあって２０１８年12月に保護期間が一律20年延ばされました。この時には国内でも「長すぎる」として大激論になりましたので、興味のある方は「保護期間延長問題」などで検索してみてください（この延長問題、著作権と文化の本質に触れるとっても深いテーマです）。ですから現在の原則は「死後70年、公表後70年」なのですが、ただ、この２０１８年12月の時点でもう著作権が終了していたＰＤ作品は、延長されずに終了したままなのですね。

つまり、一度「死後50年」などで計算して、2018年12月（正確には28日）に保護期間が続いている場合には「死後70年」などに延長される、という訳です。……読むのをやめたくなりましたね？　**後で表にまとめますから、どうかここは歯を食いしばってください。**

覚えておきたい「戦時加算」

更に、映画も含めた共通の注意点は「戦時加算」という例外です。何かというと、米国やフランスのような「戦前及び戦中の連合国民の作品」は、日本では最大で10年5カ月ほど特別に長く保護するのです。たとえば、「くまのプーさん」がありますね。原作者のA・A・ミルンが亡くなったのは1956年なので、死後50年が経過した2006年末に保護は終わりそうですが、戦時加算があるため2017年の中ほどまで日本での保護は続きました。

なんでこんな制度なのかというと、ありていにいえば日本は戦争に負けたからです。戦争期間中に欧米の著作権を守っていなかったと言われ、日本側だけがいわばペナルティ的に連合国との講和条約で約束させられたのですね。これは不平等だといって撤廃を求める声もあります。

ここで問題です。日米の戦争はいつ終結したでしょうか。1945年8月、そう思いますよね。ですが、あれは無条件降伏の時期であって、戦争終結は講和条約時点なのですね。1952年4月までは進駐軍が来てても戦争中です。よって、戦争中に生まれた作品ならその時点から1952年4月までの期間ぶん、日本での保護期間は延びます。

いかがでしょうか。複雑ですがこれが戦時加算です。では、保護期間のルールを表にまとめます。これでも出来るだけ簡単にしてみました。

保護期間の出来るだけ簡単なまとめ（他にも例外などあり）

①まず著作者の死亡の翌年（匿名・変名・団体名義と映画は公表の翌年）から50年で計算。
②その結果、映画は2003年末に存続していたら更に20年延長。かつ、旧著作権法により監督の死後38年間などの期間は消滅せず。
③映画以外の作品は2018年12月29日に存続していたら更に20年延長。
④ただし写真は、1956年以前に発行された作品は名義を問わず原則消滅。
⑤以上の全てについて、戦前・戦中の連合国の作品は戦争期間の分（戦前作品なら10年5ヶ月など）、「戦時加算」で日本での保護が伸びる。

岩波文庫版「星の王子さま」

パブリック・ドメインの可能性

さて、著作権が終了すると、作品は基本的に誰でも自由に利用できるようになります（第17章・第18章の著作者人格権を害するような使い方には注意）。先に「くまのプーさんの著作権が２０１７年に切れた」と書きましたね。人気小説がＰＤになると、普通は何が起こるかわかりますか。

新訳ブームが起きるのです。プーは今でも世界のベストセラー児童文学です。そして著作権が切れている以上、誰でも自由に出版できます。であれば、各社はこぞって新訳でプーを出しそうです。これと同じことは、「星の王子さま」の日本での著作権が切れた時に起きました。それまで岩波書店だけだった「星の王子さま」が各社から出版されて、「星の王子さま」のリバイバルブームが到来したのです。

ただし一点、「王子さま」と「プー」では違う点があります。「王子さま」は挿し絵もサン・テグジュペリが描いていましたから、保護期間は挿し絵も一緒に切れました。ですから新訳本はあのオリジナルの挿し絵と共に出せたのです。ですが、プーの場合、挿し絵はシェパードという別な人物です。しかもこの方、長生きでした。挿し絵の保護期間はまだ当分切れません。そのため各社は新しいプーや仲間たちのイラストを描いて、それで出版するしかない。しかも、著作権侵害になるのでシェパードの絵に似せてはいけない。

果たして「似ても似つかないプーたち」は現れたのか？　興味のある方は探してみてください。

E. H. シェパード描くプーと仲間たち。

　このPDが生かされる最大の場面が、「デジタル・アーカイブ」です。電子図書館・電子博物館のように、古今の膨大な作品を集めてネット上などで公開する場をいいます。今や世界はデジタル・アーカイブの整備にしのぎを削っています。その台風の目である欧州の巨大電子図書館「ユーロピアーナ」(http://europeana.eu)では、文書・画像・音楽などジャンルを問わず実に5000万点以上の作品がデジタル公開されています。

　そこでたとえば「Mozart」と入力すればモーツァルトに関する1万点以上の音源・楽譜・絵画などがヒットします。その多くは著作権の切れたPDです。というのも何千万点もの作品について著作権者を探し出して交渉し、デジタル公開の許可を貰《もら》うことは、莫大《ばくだい》な予算が仮にあっても現実には到底できることではありません。そのため、多くの巨大アーカイブは、こうしたPDの作品や、あるいは法律の特別な規定に基づいてデジタル公開を成し遂げているのです。情報社会のゆくえを握ると言われるデジタル・アーカイブは、パブリックドメインという仕組みに支えられているのですね。日本の国会図書館（http://dl.ndl.go.jp.）も、意欲的に大規模デジタル・アーカイブの整備を進めています。

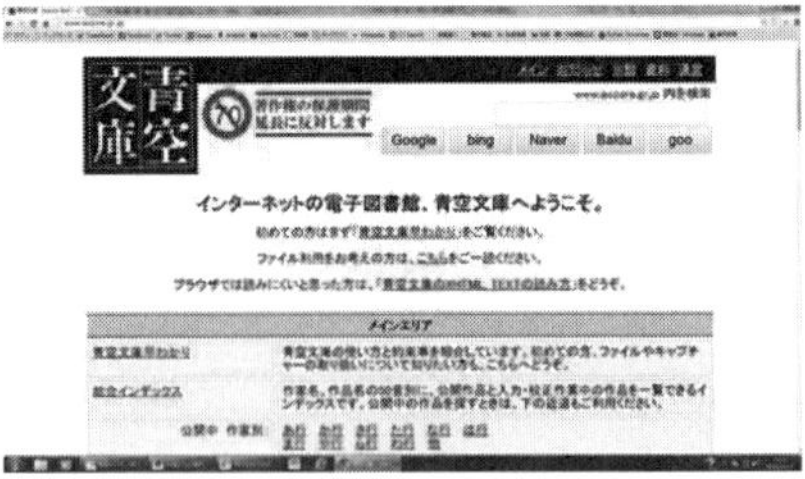

青空文庫

さて、日本が世界に誇るアーカイブの実践例は「**青空文庫**」です。やはりPDの作品を中心に、ボランティアが自分の好きな過去の文学作品などを手入力しネット公開している電子図書館です。スキャンではなくボランティアが一字一字入力し、別なボランティアが校正することで、すでに1万5000作以上が無償・完全な自由利用として公開されています。

入力されているので、テキストデータです。そのため、スマートフォンや電子読書端末などで読むのにとても適しています。青空文庫のデータは（PDですから）商売を含めて誰でも自由に利用できます。そのため、たとえばBOOK☆WALKERやアマゾン・キンドルのような電子書籍の大規模プラットフォームでは、膨大な青空文庫データによる無料・廉価な電子書籍を配布しています。どの大手出版社の電子書籍より多い数です。

またテキストデータですから、文字の大きさを自由に変えることができ、高齢などで視力の弱い方が読むのにもとても適しています。さらに音声読み上げソフトが使えますから、目の不自由な方や海外の日本ファンなど漢字の苦手な方でも、素晴らしい過去の作品を楽しむことが出来るのです。まさに日本文化の発信で大きな役割を果たす、大変ファンの多いプロジェクトです。

この青空文庫、呼びかけ人で推進役だった富田倫生《みちお》さんは、2013年8月に惜しまれながら病いで亡くなりました。人類共有の文化遺産たちの無限の可能性を信じ続けた人生でした。生前、決してメディアの脚光を浴びるタイプの方ではありませんでしたが、死の報に、NHKは異例といえる扱いでニュースを流し、ネット上では圧倒的な量のつぶやきが彼の死を悼んだことを付言しておきます。

我々が気軽に楽しむことが出来る膨大な過去の作品群は、クリエイター達の命がけの創意と、作品を愛する富田さんのような無数の人々の努力が築き上げてきたものなのです。

【レビュー(15)】

(1) 著作権は著作者の死亡の翌年(年初)から50年又は70年などで保護期間が終了する(147頁の表で復習しましょう)。

(2) 戦前・戦中(1952年以前)の旧連合国民の作品は「戦時加算」として、最大で10年5カ月ほど日本での保護が延びる。

チェックテスト(15)

1963年5月に死亡した日本の作家が1948年8月に実名公表した小説の日本での保護期間は何年何月に終了するか。

答：２０１３年12月（実名公表作品なので、死亡の翌年から50年間で終了する。１９６４年1月1日から起算なので50年経過した２０１３年12月末日で終了し、その後の20年延長の対象にはならず。）

第16章 「海賊版」の話——作り手達が本当に困るのは

さて、「こういう利用はOK」シリーズは前章までで終わります。この章は「それはダメだろう」の総本山・海賊版のお話です。

「ありがとう」のメッセージ

2014年、YouTube上で「Thanks, friends」という動画が話題になったのをご存じでしょうか。古今の名作マンガ・アニメ42作品から、登場人物が「ありがとう」とつぶやくシーンばかりが編集されて次々登場する、ファン感涙の映像です。

さてこの動画、誰《だれ》かが勝手に作った「海賊版」かと思いきやその逆で、全体が「海賊版を読まないで欲しい」と呼びかけるメッセージになっています。実は、出版社やアニメ制作会社など15社が共同で立ち上げたMAG（Manga Anime Guardian）という海賊版対策プロジェクトの一環だったのですね。このプロジェクト、経済産業省やCODA（コンテンツ海外流通促進機構）という団体も協力して、集中的に世界中の海賊版に削除要請を出したのですが、対象作品はマンガ500作、アニメ80作に及ぶ大規模なもの。削除と並ぶもうひとつの柱が、紹介した普及啓蒙《けいもう》ビデオという訳です。

確かに、そんな大規模対策が必要になるほど、世界の海賊版の状況は凄《すさ》まじいものです。現在、マンガだけで海賊版サイトの数は500を超え、年間200を閉鎖に追い込んでもなお減らない、イタチごっこが続いているとされます。2013年度の経済産業省の調査によれば、日本のファンの7～17%、米国のファンの50%以上がマンガ・アニメの海賊版ユーザーであ

「Thanks, friends」動画（井上雄彦「バガボンド」より）。キャンペーンは現在終了。

『Thanks, friends』動画 最終画面

り、米国での海賊版による逸失利益（「海賊版ユーザー数×彼らが正規版に払ってもよいとする平均額」による推計値）は1兆円を超えるとされました。まあ、これは理論値であって、全てが現実の「海賊版被害額」と言えるかは疑問もあるでしょう。とはいえ、現実に海賊版サイトはあふれかえっており、その流通が信じがたい規模であることは間違いありません。

現在、無断コピーされたマンガ・アニメ・音楽の世界での主な流通ルートは、（1）「サイバーロッカー」といわれるネット上のストレージ（倉庫）スペース、（2）動画投稿サイト、（3）ユーザー間で直接違法ファイルをやり取りしあうファイル交換ソフト、（4）ストレートにマンガなどをアップして読ませる「リーディングサイト」、などがあります。海賊版リーディングサイトの場合、月間サイト訪問者数は時に数千万人にものぼると言われます。いずれも、引き付けられたユーザーの会費収入や広告収入で稼ぐ形が大半です。

前述のように、海賊版サイトの代名詞と言われた「Megaupload《メガアップロード》」という会社の関係者が2012年に逮捕された際には、米国内のサーバーが1000台、それまでの推定売上が170億円、押収された現金預金と高級外車が50億円相当だったといいます。ちょっと、ファン行為の延長のような牧歌的な「シェア」のイメージとはかけ離れているのですね。

無論、どんなに荒稼ぎされてもオリジナルの作家や出版社には還元ゼロですから、多くの作家たちは困っています。逆に言えば、海賊版はこうした創作にかかるコストを負担しないため、価格をいくらでも安くできるのですね。それで価格面で圧倒的優位に立ってユーザーを集めるなら、確かに正規版の売上を害するでしょう。アンフェアですし、これらの無断流通は多数の国の著作権法で犯罪とされています。

実際、先進国の多くの文化産業の売上は長期下落を経験したと前述しました。原因には諸説ありますが、デジタル化による無料コンテンツの拡大に押されたとする「デジタル・シュリンク」説は有力です。デジタル化と直接競合しない、コンサートなどのライブイベント産業が逆に絶好調を続けたことも、この意見を裏付けているようです。そんな事情もあり、出版・映像産業などの海賊版に対する危機意識は深刻です。

今ある海賊版サイトはあえて載せないため、摘発前の「Megaupload」の画面。儲けて喜ぶ男性と謎の美女

海賊版の駆逐だけでは、何も解決しない

他方、海賊版には一定の擁護論もあります。代表格

は「海賊版には宣伝と市場開拓という効能もある」というもので、「まず試し読みして、作品のファンになってはじめて正規版だって買う気になる」などの意見です。確かに一理ありますが、これは明らかに程度問題です。たとえば「海賊版が正規版と全く遜色《そんしょく》ない品質になり、誰でもワンクリックで無料で手に入れられるようになっても、正規版の販売数は落ちないか」と聞かれれば、さすがにそうはいかないでしょう。

つまり、ここでは「作品を自由に流通・利用できるメリット」と「創り手側が作品で収益をあげて生活の糧を得る必要」とのベストバランスが問われています。TVゲームのプレイ映像が動画サイトにアップされる場合、恐らくゲームの売上を高めますが、それとゲームソフトの海賊版を無制限にばらまく行為は別次元ですね。

その意味では、海賊版をある地域から駆逐《くちく》するだけでは何の役にも立ちません。単に、その地域では作品が見られなくなるだけです。正規版が魅力的な価格や選択肢で提供されていなければ、意味がないのですね。現に、紹介した「ありがとう」の動画には、「そうは言うが、正規版をどうやったら買えるのか」という指摘のコメントもありました。

そのため、MAGはもうひとつのプロジェクトの柱を据えていました。「Crunchyroll」、「Viz media」のような各国語の正規版サイトにユーザーを誘導する、「Manga-Anime here」

というサイトです。「海賊版は創作を細らせるので見ないで欲しい。その代わり、ここに行けばマンガ・アニメを適法に楽しめるよ」ということです。正規版充実の努力で海賊版を放逐した、タイのマンガ産業の例もあります。

視点としては極めて正しいですが、正規版サービスの拡充はまだまだ道半ばのようです。現場の努力を見守りたいですね。

ネット化・デジタル化の恩恵で、地球の反対側の新たなファン達も日本のマンガやアニメを楽しめる。素晴らしいことです。だからこそ、そうしたテクノロジーを活用して作品の流通を促進しながら、同時に創り手側に正当な還元がされる仕組み（ビジネスモデル）が大切です。著作権は長らくこうした仕組みを支えてきたのですが、今は収益を上げるビジネスモデル自体が、大きく変わりつつある時代です。著作権も、時代にあわせて大幅なモデルチェンジが必要だと言う意見も強く、この辺りは最終章でお話ししたいと思います。

きっと、正解はひとつではありません。ただ、どんな時代になったとしても、自分の愛する作品を生み出すクリエイターやそれを支える人々が、どうやって生活の糧を得ているのか。海賊版で全部済ませるユーザーだけになったら、果たして作品は生まれ続けることができるのか。少なくともその想像力をなくすようでは、「ファン」としてはちょっと情けないですね。
海賊版を考えることは、創造の営みを考え続けることなのです。

【レビュー（16）】
(1) 世界の海賊版の流通状況は凄まじく、文化・コンテンツ産業の売上低下の中で権利者は危機感を募らせている。
(2) もっとも、単に海賊版を駆逐するだけでは何も解決せず、正規版が魅力的な価格で提供されるなど、時代の変化と共にビジネスモデルを見直す努力が重要。

チェックテスト（16）
ネット化でコピーも流通も容易になる中で、作品の自由な流通を守りながら創り手側も正当な収益を得られる仕組みを、皆さんならどう作るか。1分間考えてみよう。

第17章　「命を惜しむな。名を惜しめ」――著作者人格権（1）

やたらと勇ましい今回のタイトルですが、これは「保元物語《ほうげんものがたり》」の中の源親治《みなもとのちかはる》という武将の台詞《せりふ》。「武士《もののふ》たるもの、命を捨てても名誉は守れ」と、戦場で一族に突撃を命じた際の言葉です。来ますね、侍スピリッツに。

さて、この名誉、もう少し広げて言えば各自の人格。著作権の世界でも時にお金より大事らしく、この章ではそのお話です。

著作者に残される最後の権利

第5章で、「著作権は自由に譲渡できる」と書きましたね。譲渡すると、以後は譲渡した相手が「著作権者」になって、作品を複製したり公衆送信したりする許可は以後、著作権者が出すのでした。譲渡したクリエイターはその後も「著作者」ではありますが、もう自分の作品といえども自由には使えなくなるのが原則です。

では、著作者は作品について全く無権利になるかといえば、実は権利は残ります。「著作

公表権	未公表の自分の著作物を公表するかしないか、また、いつ、どのような形で公表するかを決定できる権利
氏名表示権	自分の著作物を公表するときに、(匿名を含めて) どういう著作者名を表示するかを決定できる権利
同一性保持権	自分の著作物の内容や題名を、意思に反して勝手に改変されない権利
(名誉・声望保持権)	(狭義の著作者人格権には含まれないが) 著作者の名誉等を害する方法で著作物を利用する行為は、禁じられる

クリエイターの魂を守る？　著作者人格権

者人格権」といって、創り手としての最低限の人格的な権利は、何があってもクリエイターに残るのです。狭い意味での著作権とは別の権利なのですが、どんな内容かというと上の3つ（4つ）です。

まず「**公表権**」とは、未公表の作品をいつ公表するか決定することができる権利です。「公表」というのは著作権ではよく登場する言葉で、たとえば第9章・第10章で紹介した「引用」や「非営利の上演・演奏」も公表作品だけが対象で許されるのですね。そして作品を公表するかどうかを決めるのは著作者なのです。

たとえば83頁でも述べた手紙です。手紙はたいてい送った人の著作物ですが、貰った側はしばしば自分のものだと思うのですね。それで自分の書籍の中で公開したり人に提供して公開を許したりします。これは無断公表ですので、送り手の（プライバシーの侵害でもあるかもしれませんが）

公表権の侵害です。

ちなみに、著作者人格権ではなく手紙の「著作権」の方は誰《だれ》にあるかといえば、物としての手紙の所有権は貰《もら》った人にあるでしょうが、著作権はやはり送った側にあります。手紙を送ったくらいで、著作権の譲渡とはみなされないのです。ですから、受け取った人が手紙の文面を自分のブログなどに転載すれば、著作権の侵害にもなります。こちらは引用なら許されそうですが、先ほど書いた通り未公表作品は引用できません。つまり、手紙の転載は著作者人格権の侵害でもあるし、多分著作権の侵害でもあるのですね。

では、故人の手紙ならどうか？　実は、クリエイターの死後でも、著作者人格権にあたるような行為は禁じられています。ただ、この保護は時間の経過などで弱まると考えられていますので、死後十分な時間が経過し手紙が歴史的資料と言えるような時期になれば、公表しても問題は小さいでしょう。

著者には「クレジット表記」を求める権利がある

次いで、「氏名表示権」とは、「私は確かにあなたに著作権を譲渡しました。しかし、あくまで私の作品ですからあなたの名前で出版したりするのは止めて下さい。私の名前を出して利用してください」と言える権利です。つまりクレジットを求める権利です。

いわば名誉。これは多くのコンテンツの現場ではとても大切なもので、たとえばハリウッドで作品が映画化されたり、映画に出演する際の契約では、映画の画面や広告のどの位置に、どんなサイズ・順番でどんな名称を記載するのか、極めて細かく規定されるし、タフな交渉が繰り広げられます。

こうした〝序列〟への強烈なこだわりは、洋の東西を問いません。契約書こそ簡単ですが、日本でも名前の順番とかポスターでの写真の大小とか、顔だけならあっちが大きいけどこっちは全身が写ってるとか、順番が下の代わりに「特別出演」や「友情出演」にしますとか、まあ他人から見たらどうでも良さそうなクレジットをめぐる激闘の跡は作品の随所に残っています。これは本人の名誉感情だけでなく、位置取りや露出のしかたが今後の仕事に影響すると思っての部分も大きいでしょう。

芸能界に限らず、「名前の出しかた」をめぐる行き違いは社会の至る所に見られます。あの本は明らかに俺《おれ》の本を参考にした癖に参考文献に載せてないとか、あの人は肝心な挨拶《あいさつ》で私の名前を出さなかったとか、やっぱり気になりますよね。私たちは、業の深い生き物です。

実際、著作権に関するトラブルの少なからぬものは、「あそこで一言名前を出して感謝していれば起きなかったんだろうな」と思える事件だったりします。

さて、この氏名表示権、作品の利用に際して著作者は「私の名前を出して下さい」とも言えるし、逆に「匿名が良いので、私の名前は出さないで下さい」とも言えます。たとえば「ふたりでひとりの藤子不二雄にして下さい」とペンネームの指定もできます。また、「今後は、藤子・F・不二雄にして下さい」と途中で指定を変えることも、基本的には出来ます。

ゴーストライターは悪いことか？

「名前を出さない」といえば、ゴーストライターという存在がありますね。記憶に新しいところでは、「現代のベートーヴェン」こと佐村河内《さむらごうち》守氏の事件です。全聾《ろう》の障害を克服して作曲したという「交響曲《ＨＩＲＯＳＨＩＭＡ》」が大ヒットした矢先、桐朋《とうほう》学園大の講師だった新垣《にいがき》隆氏が週刊文春の記事で「18年来ゴーストライターだった」と名乗り出て、大騒ぎになりました。本人も大筋でゴーストライターの事実は認め、謝罪した事件です。

ゴーストライターという存在自体に脚光があたり、「本人が書かないなんてとんでもない」という意見から、主に業界筋の「佐村河内氏の件は悪質だが、ゴースト自体は当たり前の存在であって、要は成果物が良ければいいのだ」という意見まで、さまざまな論争を招きました。

このゴーストライターを使う際には、口頭あるいは文書での「ゴーストライター契約」が交わされます。当事者は必ずしも「契約」とは思っていないでしょうが、口頭でも確たる依頼と引き受けがあれば立派な契約です。「私の名前は出さず、あなたの名前で発表して良いですよ」という約束ですね。

名前を出さなくて良いというのだから、一見すると著作者人格権（氏名表示権）の放棄のようにも見えます。これは出来るのでしょうか。著作者人格権は、著者の最低限・最後の権利ですから、人に譲渡することも、放棄することも出来ないと考えられています。

そんなこともあって、またゴーストライター契約というものは世を欺く怪《あや》しからんものなので、「無効」だという見解も有力です。実際、そういう判決が出たこともあります。

ただ、著作者人格権の放棄は出来ないけれども、「この件では人格権は行使しないよ。僕の名前を出してとは言わないよ」という、「不行使の特約」は有効だという見解が有力です。実際、どんな名前で公表するか決められるのが氏名表示権なのだから、「名前を出さない」ことを著者が合意するのも自由といえます。

そのため、ゴーストライター契約を一律で無効というべきかは、疑問もあります。また、そもそもゴーストという存在については擁護論もあります。たとえば、スポーツ選手やタレントが本を出す時にはライターさんがついて「聞き書き」をしたり、本人への取材に基づいて事実上代筆したりすることは少なくありません。典型的なゴーストライターの一種といえるでしょう。

しかし、そうしたライターがいても、ファンの期待をそれ程裏切ってはいないのではないか、という指摘もあるのですね。多くのファンは、本が自分の好きなタレントの思いやエピソードをおもしろく率直に綴《つづ》ったものであれば、実際にペンを動かしたのがライターだとしてもそんなに不満は抱かないように思えるからです。そもそも、さまざまな現場でのアシスタントや編集者的な存在が、創作の相当な部分までサポートすることは珍しくありません。「名前の出ない創り手」は無数にいて、それを全て悪いものだとするのも極端という訳です。

どうやらここでは、読者・視聴者側がどこに注目するかが問われるようです。「実はほかの人が書いたと知っていたら買わなかった」と言われるようでは、ゴーストライターはさすがに擁護しようがなくなるのでしょう。

命を惜しむな。名を惜しめ——。著作者人格権とクレジットは、クリエイターの誇り、ビジネスの実利、そしてファンの期待という3つの要素が絡み合った、なかなか「大人な」法律分野なのです。

【レビュー（17）】

（1）著作者に残る最低限の人格的な権利を「著作者人格権」といい、①公表権、②氏名表示権、③同一性保持権などがある。

（2）著作者人格権は譲渡も放棄もできないと考えられている。

チェックテスト（17）

著作者は自分のクレジットとして実名のほか、変名や匿名で作品を公表することも指定できる。〇か×か。

答：〇（氏名表示権の一環として可能。）

第18章 加筆、アレンジはどこまでOKか――著作者人格権（2）

ついに18章目と、最終直線に入りました。この章は誰《だれ》でもやってる、でもどこまでOKなの？ の加筆・アレンジです。

厄介なのは名前だけじゃない！ 「同一性保持権」って何だ

クリエイターは、著作権を譲渡することは出来ます。しかし、これだけは決して手放すことができない「著作者人格権」として、**①公表権**と**②氏名表示権**を前の章で紹介しましたね。この章ではその第二弾で、名前からしてややこしい**③同一性保持権**です。確かに名前を見ただけで、「よくわからないが、なんだか人格にディープに関わりそうだな」と思えてくるこの権利。いったいどんなものでしょうか。

要するに「私の作品を無断で改変するな」と言える権利です。作品はクリエイターの分身のようなもので、それによって作家は社会的に評価されますね。作品に勝手に手を入れて発表されたりすると、心情だけでなくキャリアとして困るケースもあるでしょう。ですから、複製といった著作権（財産権）的な問題があるなしにかかわらず、「著作者の意に反するような改変は著作者人格権侵害だよ」とされているのです。

これは結構厳しくて、たとえば判例では、懸賞論文の送り仮名や改行を無断で直したりしても、侵害とされたくらいです。そう聞いて編集者でもビックリする人がいるかもしれませんね。「行数の調整や表記の統一くらいはできないと困るよ！」と。たしかに、日本の著作者人格権は、国際的に見ても規定ぶりは厳しい方です。侵害した場合、刑事罰は最高で懲役5年です。表記を直した程度で違法になり、（理論上は）刑事罰もあるというのはちょっと行き過ぎかなと筆者も思います。そのため、「同一性保持権をもう少しゆるやかに解釈しよう」とする意見も有力になってきています。

危ない「業界の作法」？

ただ、他方で編集者や記者の中には、「仮にも表現分野の基本的な法律なんだからもう少し著作権法は知っておこうよ」と思わせられる方がいるのも事実です。受け取った文章なんて素材程度に思っているのか、「こう直したい」とも「こう直しました」とも言わずに、「明日掲載です」なんて言って大幅に変更したものを送ってくる方もいます。

こういう方はたいてい原稿に「修正の履歴」さえ付けていないので、どこをどう直されたか、こちらが探さなければならなくなります。さすがに「著者が変更に気づかずに掲載までいって、後で訴えられたらまずいですよ」と言いたくなる業界の方は意外と多いですね。

横道にそれました。それほど裁判所は同一性保持権を固く考えがちなので、音楽の分野でも無断で人の曲のメロディなどを変えて発表すると、理論的には侵害になります。

著作権分野の弁護士や学生と飲み会をしていて出る冗談で、「○○さんのカラオケは人格権侵害。△△さんは無罪」というものがあります。音痴だとメロディを勝手に改変しているから同一性保持権の侵害だけど、もっとひどいとそもそも別な曲になっちゃってるから侵害ではなくなる、という意味ですね。まあどっちも故意はない気がしますが、とにかくこういうのでドッと笑う、ザ・著作権オタクな飲み会です。

カバーアルバムとＪＡＳＲＡＣの微妙な関係

この関連で問題になるのが、既存曲のアレンジです。以前『著作権の世紀』という拙著で「カバーブーム」に関連して書いたテーマですが、もはやカバーはブームというよりあまりに日常として定着しました。筆者の行きつけのレンタル店には、「Ｒｏｃｋ」「Ｐｏｐｓ」コーナー等と並んで「カバー」CDの常設コーナーがある程です。ブームの火付け役だったおおたか静流《しずる》、徳永英明などから、アニメタル、ソットボッセ、大橋トリオまで。実に当たり前に古今東西の有名曲や埋もれた傑作がカバーされています。

　こうした既存曲をコンサートで歌ったりCDに収録するには、基本的に作詞家・作曲家本人の許可は不要です。なぜなら、ほとんどの国内外のプロの曲はJASRACなどの「集中管理団体」が管理していて、そこで自動的に演奏や録音の許可は取れるからです（第13章）。ですから、原曲に忠実にレコーディングなどする分には問題は何もないし、現にそれでカバーも花盛りなのですね。

ヴィレバン文化を象徴する、ソットボッセやアニメタルのカバーアルバム

　ただ、ここで問題はアレンジ（特にきつめのもの）をかける場合です。というか、カバーである以上アレンジは普通変えますね。原曲と寸分違わぬカバーの方が珍しくて、リズム・コード展開・楽器編成など大いに変え（加え）る訳です。

　これが裁判になることがあります。有名なのは、「PE'Z」というジャズバンドが合唱曲の代名詞「大地讃頌《さんしょう》」をジャズアレンジでCDに収録したケースですね。これに対して、作曲家の佐藤眞さんが怒って販売を差し止めようとしたのです。もちろん、PE'Zや当時レーベルだった東芝EMIは、JASRAC許可はちゃんと取ろうとしていました。

ただ、佐藤さん側はふたつの点で権利侵害だと主張します。ひとつは、これは原曲の編曲になりそうですが、実はJASRACは編曲の許可は出さないのです。というより、JASRACが管理しているのは演奏や録音といった「曲をそのまま利用する」部分の権利であって、編曲に関わる権利は最初から扱っていません（多くは、音楽出版社という別な会社が管理します）。ですから許可は出しようがないのです。つまり第4章で説明した「編曲権」の侵害が問題になる。

もうひとつは、仮に編曲権の点は度外視するとしても、無断改変には違いないから著作者人格権（同一性保持権）の侵害だというのです。この裁判では、レーベルは「JASRAC許可でいける」という意見だったようですが、結局はPE'Z側が販売をあきらめてCDは出荷停止で終わっています。

理論上は、確かにきつめのアレンジは編曲権や同一性保持権の侵害かもしれません。ですから、実務では音楽出版社などの権利者サイドに「挨拶《あいさつ》」を入れてカバーをするケースも多いようです。もっとも、いつも厳密に出版社（➡編曲権）にも作詞家・作曲家本人（➡同一性保持権）にも挨拶をしているかと言えば、実際にはもう少しゆるくやっていますね。

そもそもジャズは、アドリブも含めて既存曲をアレンジするのが信条ですし、やってみないとどんなアレンジになるかもわかりません。それをいちいち、JASRACの許可や支払のほかに別な権利者の了承「も」取れというのは無理だ、という指摘もあります。理屈としてはその通りでしょう。

現場はどう動いているか

この点、音楽出版社の現場は全般にカバーに寛容だったとも言われます（アレンジ版でも、原曲の著作権収入は入るのですから当然ではありますね）。また、作曲家とアレンジャーが別れがちなポップス系は、そもそもアレンジはその都度《つど》変わって当然だという発想もあるようです。他方、いわゆる純音楽系は、作曲家がオーケストラの編成を含めて創作しますから、アレンジを勝手に変えられると困ると感じやすいのだ、とも説明されます。

このように、法律は法律として、現場ではジャンルごとの事情を加味しつつ、適宜相手の立場も「斟酌《しんしゃく》」しながら、カバーは花盛りを続けてきました。間違いなく、原曲に新しい命を吹き込み、我々に新鮮な感動を与える音楽文化の重要な一翼ですね。

こうしたいわば「グレーな領域」の効能と、それが直面しつつある変化を、次の章では「二次創作」を題材にもう少し掘り下げてみましょう。

【レビュー（18）】
作品に対して著作者の意に反する改変をすると、著作者人格権（同一性保持権）の侵害にあたる。

チェックテスト（18）
JASRACは原曲の演奏や録音の許可は出せるが、編曲や原曲の改変の許可は出せない。○か×か。

答：○

第19章　二次創作――パロディ、リミックス、サンプリングの限界は？

遂に19章目の執筆となり、あとは最終章を残すのみですね。19！　レスリングの吉田ですら15連覇だというのに19！　ここまで辿《たど》りついた偉業にめまいがしそうな中、この章は本書最大のヤマ場「二次創作」です。

文化のメインストリーム：二次創作

第12章で、「総統閣下」シリーズなどの二次創作はグレー領域で生存している、というお話をしたことをご記憶でしょうか。どういう意味だったか、まずは著作権との関係からおさらいしましょう。

既存の作品に手を加えて、新たな作品として楽しむカルチャーは古くからありますね。前章のカバーで登場した、楽曲の「アレンジ」がそうです。「パロディ」と言われる分野もそうで、これはずいぶん古くからあります。コミケ（コミックマーケット）のパロディ同人誌や、前述「総統閣下」などの「MAD」もパロディの一種ですし、身近なところでは「替え歌」なんてありますね。

　筆者の少年時代ですと「瀬戸ワンタン、日暮テンドン♪」（小柳ルミ子「瀬戸の花嫁」）と並ぶ双璧《そうへき》で、軍艦マーチの替え歌「戦艦大和が沈むとき、イカリにチン●●はさまって♪」という替え歌が人気でした。もう「何が起きてそうなった？」と聞きたくなる壮大な下ネタですね。下ネタは歴史を通じてパロディの王道ですから、平成をずっと下っても、「アンパンマン♪そこはダメよ大事なところ♪」といった味わい深い名作を子供たちが歌い継いでいます。

　ジャンルというよりはむしろ表現手法として、既存の音楽や映像を再編集・再構成する「リミックス」も人気ですね。特に複数の作品を混ぜ合わせてしまうことを、「マッシュアップ」などと言います。布袋寅泰《ほていともやす》とＲＩＰ ＳＬＹＭＥが「キル・ビル」テーマ曲などの持ち曲を自らマッシュアップし、「かっけえ」と話題になった「BATTLE FUNKASTIC」などが例ですね。

布袋寅泰と RIP SLYME によるセルフ・マッシュアップ「BATTLE FUNKASTIC」

　また、ヒップホップなど広い音楽分野ではずせないのが「サンプリング」です。狭義では既存の音源からごく短い一部を取り出してループするなど、自分の曲の中で素材的に使用するケースですね。現在米国では権利者に使用料を払ってサンプリングするケースが多いのですが、とにかく永年著作権の論争を巻き起こして来たジャンルで、ジェイ・Zやカニエ・ウェストなど、もう常連のように高額訴訟を起こされています。美術の分野で、サンプリングにやや近いのが、既存の印刷物や写真からの切り抜きを大量に集積して異なるイメージを生み出す、「コラージュ」ですね。こうした手法は映像や舞台芸術でもかなり一般的なものです。

以上、ジャンルの名前と手法の名前が混在していますし、それぞれ多義的な言葉ですから、上の説明ではしっくり来ない方もいらっしゃるでしょう。筆者自身は、こうした既存の作品に基づいた新たな創作を広く「二次創作」と呼んでいます（これまた、もっと狭い意味で使う用法もあります）。

こうした行為を広く二次創作と呼ぶなら、それは別段新しいカルチャーでもなく、古くは「和歌の本歌取り」「忠臣蔵」から「風神ライディーン図」「ハイスコアガール」まで、ギリシア悲劇、シェイクスピアからポップアート、ボカロオペラまで、古今東西あらゆるジャンルのメインストリームであり続けて来たのが二次創作の連鎖です。

以前、あるクリエイターの方が「二次創作など邪道で一流の作家ならやらない」という趣旨の発言をされたことがありますが、そうであれば我々人類の文化じたいが邪道になってしまいそうです。

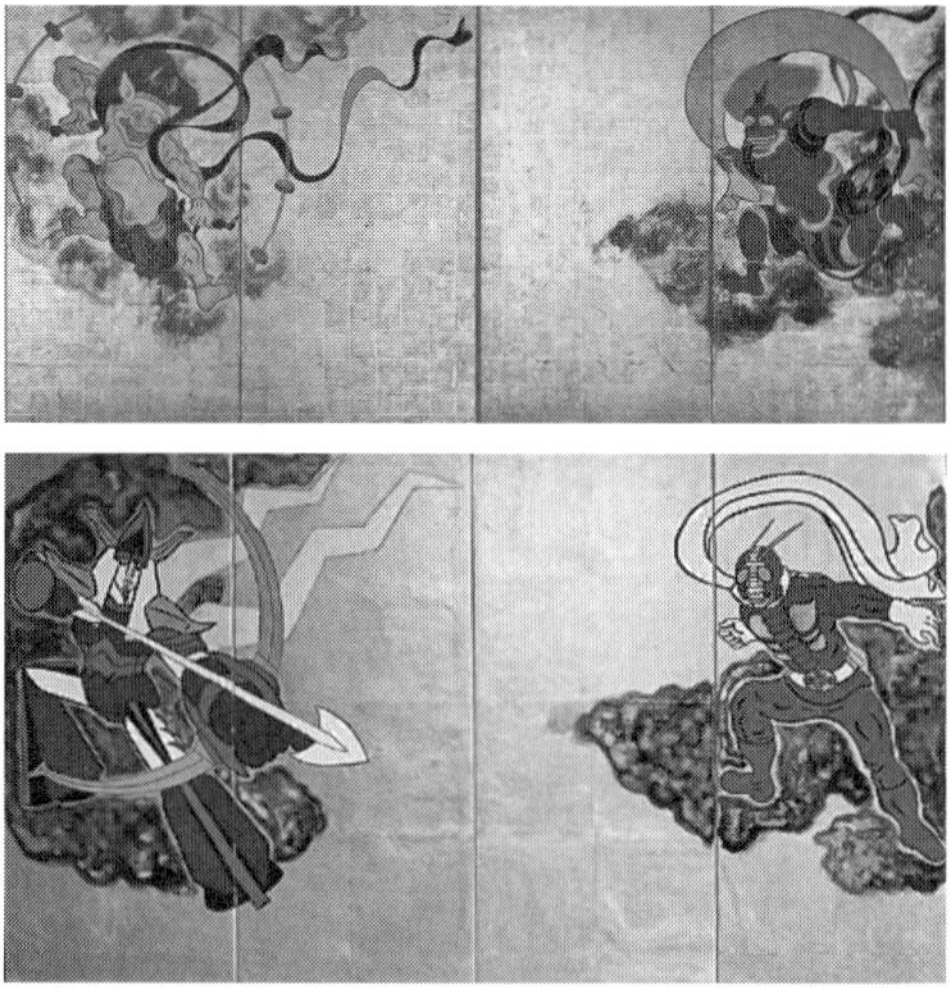

進化する風神雷神図。偉大なオリジナル（俵屋宗達：上）と最新形『風神ライディーン図』（山本太郎：下）

二次創作と著作権の関係をおさらい

さてこの二次創作、著作権的には何にあたるでしょうか。典型的なパロディなどは原作の「創作的な表現」を使いつつ、そこに新たな要素を加えて別な作品を作るので、「翻案」ですね（第6章）。あるいはコラージュであれば、原作の部分「複製」にあたるケースもあるでしょう。よって無許可でやると著作権侵害のようにも思える。更に、原作の改変だったり原作者の名前を出していないということで、著作者人格権（氏名表示権・同一性保持権）の侵害と言われるかもしれません（第17章・第18章）。

他方、権利の問題が少なそうな二次創作もあります。サンプリングなどあまりに細かな断片の利用の場合には、原作の表現が再現されていないのでそもそも「複製」にはあたらない場合もあります。そうであれば著作権的にはＯＫですが、どの程度細かければ大丈夫という明確な基準はありません（「４小節以内ならば許可不要」というのは都市伝説で、著作権的には正しくありません）。また、音源を利用するサンプリングの場合には「著作隣接権」という別な権利が関わり、こちらは細かな断片でも使っただけで侵害という見解も有力です。

「原作」からタイトル（題号）やアイディアしか借用していない場合も、著作物は使っていないので、やはり著作権的には無許可でもＯＫとなります。この方面の代表例は「日本以外全部沈没」（筒井康隆）です。オリジナルの「日本沈没」（小松左京）からは題名と基本の着想以外、ほとんど借りていないのですね。

また替え歌は、歌詞が全然もと歌と違う場合、オリジナルの歌詞は借用していませんね。よって歌詞の改変とは言えない。使っているのは楽曲（メロディ）だけであってそちらは変えていないので、ＪＡＳＲＡＣ等から楽曲の利用許可さえ取れば著作権的には特に問題はないという見解も、有力です。

更に、絵柄などが孤高過ぎてあまりオリジナルと似ていないパロディ同人誌は、類似していませんから著作権の問題はないケースがあります。前章で紹介した「カラオケ」の例と同じですね。少し違えば翻案権・人格権侵害だけど、あまりに違えば無罪、なのです。

パロディ許容規定のあるフランス・米国・英国

しかし、それ以外の恐らく相当数にのぼる二次創作は、訴えられたら著作権侵害・著作者人格権侵害とされる可能性が大ありです。文化のメインストリームであり、日本のオタク文化・クールジャパンを支える二次創作は、実は法律的にはかなり危ういのですね。

この点、海外に目をやるとフランスやスペインなどの国には著作権法に「**パロディ規定**」という例外規定があります。第8章などでお話しした「制限規定」の一種で、「パロディ、パスティーシュ、カリカチュア（風刺）は許す」という明文の規定があるのですね。また、米国著作権法にはパロディ規定はありませんが、「**フェアユース**」という幅広い例外規定があって、「原作に市場で損害を及ぼさないような公正な利用は許す」とされています。

パロディは、通常は原作と市場で競合しません。（パロディと呼ぶべきかは疑問ですが）刑事事件になって話題になったコミック「ハイスコアガール」と、その作中に登場したゲームソフト「サムライスピリッツ」の商品と、どちらを買おうかお店で迷うファンはあまりいないはずです。両者は住み分けています。

二次創作的な作品としては、異例の刑事告訴・強制捜査に発展した『ハイスコアガール』（押切蓮介）

多くのケースでは、原作の損害はわずか。そのため、米国でも無論パロディ作品が著作権侵害訴訟を起こされることは珍しくないのですが、近年はパロディ側がフェアユースにあたるということでかなり勝っています。更に、最近では英国で、ＭＡＤ動画などを許す規定も導入され、話題になりました。

このように二次創作を許す規定がある欧米では、（もちろん何もかも許される訳ではありませんが）ある一定の基準でパロディは原作者の許可がなくても可能になっています。

日本はどうでしょうか。世界有数の「二次創作大国」ですから何かパロディなどを許す根拠規定がありそうにも思うのですが、実はありません。やや近いのは第9章で紹介した「引用」の規定ですが、まあ二次創作は典型的な引用ではありませんね。最高裁などの挙げる「引用の基準」にはどう考えても合致しないのです。

グレー領域の効能

ではなぜ、日本では二次創作文化が花開いているのでしょうか。皆が許可をとってパロディや二次創作をしているのでしょうか。確かにそうした例もあります。たとえばボカロの代名詞「初音ミク」のキャラクターデザインは、権利元であるクリプトン・フューチャーメディアが、「非営利目的であれば自由利用」といった条件で公開しています。PCLという独自の条件や第14章でご紹介した「クリエイティブ・コモンズ（CC）」マークなどが採用されており、よってその範囲であれば権利者は明文で許可していることになります。

ボカロ文化だけでなく、公開利用ライセンスの代名詞にもなった「初音ミク」（Crypton Future Media inc.）

しかし、実は多くの二次創作はこうした許可はとっていません。たとえばコミケの数万に及ぶ参加サークルは膨大な数のパロディ同人誌を即売しますが、権利者から許可を得ているケースは少数です。では、あれは何なのか。

いわば「お目こぼし」です。パロディは原作の最大のファン達がおこなっているファン活動の延長ですし、「同人誌が混みあうくらいの人気が欲しい」と切望する原作者や出版社も多いでしょう。更に、こうした二次創作文化が新たなクリエイターの生まれる土壌になっている、という指摘もあります。

もちろんやり過ぎれば頭を叩《たた》かれます。過去にも「ポケモンアダルト同人誌事件」とか「ドラえもん最終話事件」とか、権利者から刑事告訴やクレームを受けた同人誌マンガの例はない訳ではありません。しかし、やり過ぎとみなされる一部の例を除いて、大多数の作品は黙認、黙認が言い過ぎならいわば「放置」を受けています。

創る側も、ここまでなら怒られないかな、といった間合いをはかりながらやる。つまり「阿吽《あうん》の呼吸」で二次創作文化ははぐくまれて来たのですね。日本人は声高に法律のルールを論じたり作ったりするのはあまりうまくない。しかしこういう、阿吽の呼吸をはかるのは恐らくかなり上手です。だからこそ、世界に誇る二次創作文化が「建前上は違法」なのにここまで開花したのでしょう。

2013年に文化庁のワーキングチームが「パロディと著作権」について調査した際も、こうした現状に鑑みて、「日本ではパロディ規定のような明文のルールをすぐに導入するより、現状を温存する方が良いかもしれない」という趣旨の報告書を発表したほどです。

二次創作の日本モデル。おもしろいですね。もっとも、こうした「曖昧《あいまい》なルール」にはもちろん限界もあって、オリジナル側がひとたび怒りだしたら、途端に絶版回収になりかねないもろさがあります。また、国際的な圧力で変更を迫られることもあります。そうした中で、日本でも「二次創作のルールの見える化」をはかろうという様々な試みもはじまっています。さてどんな試みで、日本文化はどこに向かうのか。

という訳でこのトピック、まだ完結しません。このまま最終章「著作権は何のためにあるのか？　著作権をどう変えていくか？」になだれ込みます。

【レビュー（19）】

（1）パロディ、リミックス、コラージュなどの「二次創作」は、著作権的には翻案権、複製権、著作者人格権の侵害といった疑問を招きやすい。

（2）欧米では、「パロディ規定」や「フェアユース」などの特別な規定でこれを適法化する例もあるが、日本ではいわば「阿吽の呼吸」で放置されている。

チェックテスト⑲

4小節以内ならば既存曲のサンプリングは適法である。〇か×か。

答：×（それは都市伝説で、「創作的な表現」が使われれば理論上は複製権侵害なので誤り。）

第20章　著作権は何のためにあるのか？　著作権をどう変えていくか？

さあついに「18歳の著作権入門」最終章。泣いても笑っても最終章。いや別に泣いても笑ってもいないけれど……えっ、でも何？　この頰《ほお》を伝わる熱いものは？　みたいなのはいいので、はじめましょう。

TPPと「コミケ終了」

前回、本書最大のヤマ場「二次創作」では、グレー領域で花開く日本の二次創作の現状をリポートしました。ところが、この二次創作への脅威が2011年、意外な方向から襲来します。それがTPP（環太平洋経済連携協定）でした。史上最大規模の地域貿易協定で、米国や日本、カナダ、東南アジアの国々などが妥結に向けてギリギリの交渉やら膠着《こうちゃく》やらを繰り広げたのです。

実は著作権・特許などの知的財産は、このTPPでも最難航交渉分野でした。交渉は主に、知財分野で世界で稼ぎまくる米国が権利の強化を他国に求め、他国がこれに抵抗するという構図で展開されます。その交渉項目の中に、「非親告罪化」というものがありました。

これはどういうものかというと、著作権侵害には刑事罰があると第4章で書きましたね。法定刑だけでいえば最高で懲役10年又は1000万円以下の罰金と、なかなか重い罰則です。しかし、これは日本では親告罪なのです。つまり、著作権者などの権利者が悪質だと判断して刑事告訴しない限り、起訴・処罰されないのですね。

そしてこの制度が、前章で書いた「グレー領域」や「阿吽《あうん》の呼吸での二次創作」とはなかなか相性が良いのです。多くの権利者は二次創作を正式に許可はしない（出来ない）。ただしやり過ぎなければ刑事告訴や損害賠償の訴訟までは起こさない。だからうまく共存できる、という訳です。

しかし、米国などは著作権侵害を非親告罪にせよ、つまり被害者の告訴無しでも処罰できるようにせよ、と交渉国に求めています。この時ネットを駆け巡ったのが「コミケ終了」の言葉です。というのは、コミックマーケット（コミケ）で売られる同人誌は75％までが、既存のマンガ・アニメの何らかの「パロディ」なのですね。

パロディにはいわゆるエロ・グロ系もありますから、以前から反感を持ったファンの方が関係団体に通報するような事件はありました。もっとも親告罪ですから権利者が告訴しなければそれまでだった。しかし、これからは第三者通報だけで理論的には起訴・処罰があり得る。そうなったら表現の現場は萎縮《いしゅく》するだろう、というのです。

（前述した保護期間延長と共に）非親告罪化に反対する声はまたたく間に広がり、大きなうねりになりました。政府もこれを無視できなくなり、その後成立したＴＰＰと改正著作権法では、海賊版など他人の著作物を「原作のまま」利用する一部の行為にだけ、非親告罪化の対象は縮小されました。

まさにネットの声の大きな勝利でしたが、実際、二次創作はどれくらい危機的だったのでしょうか。一方では、警察もいちいち同人誌を潰して回るほど二次創作に恨みもないだろうし暇じゃないだろうという気もします。気もしますが、しかし前回登場した「ハイスコアガール」のように、法的にも微妙な二次創作のケースで（この件は告訴もありましたが）数十名の捜査官が捜索・差押に踏み込んだと聞くと、冷や水を浴びせられた気になります。「二次創作」ということは、単なる海賊版とは話が違います。摘発はいわば表現を国が規制する話であり、憲法問題に関わります。しかし警察はあっさりと出版社や作家宅の強制捜査に踏み切り、メディアでは「刑事か民事か」という決定的な区別もつかない程度の報道しかされない。

これは、二次創作だけに限りません。電子図書館のような「デジタルアーカイブ活動」だって、かならず何らかの権利侵害は混入します。多くの企業活動でも、資料コピーなどで著作権侵害は必ず少しはあるものです。その時に、団体に恨みを持つ第三者が通報し、警察が強制捜査に乗り出すかもしれない。なるほど、非親告罪化に不安を抱く人もいるでしょう。

著作権は何のためにあるのか？

ところで、現実に摘発されるか否か以前に疑問もわきます。権利者が処罰を求めていないのに国家が処罰できるという制度を導入しようという、理由は何でしょうか。著作権侵害は、単に当事者間の問題ではなく「国家の秩序」に関わる問題である、という意識がその根底にはありそうです。

では、そもそも著作権とは何のためにあるのでしょうか。様々な意見がありますが、「それはクリエイター達が自分の作品から収益を得られるようにして、次の創作の糧にするためだ」という説明があります。誰《だれ》でも作品を自由にコピーしていい（つまり自由に海賊版を売ってよい）社会では、誰もお金を払って正規版を買おうとしなくなるから、クリエイター側は自作の収入では食べていけなくなる。だから、無断コピーを違法化することで、「コピーを売って対価を得る」というビジネスモデルを守ろうとする制度だ、という訳ですね。

確かに、新聞・出版物であれ、レコード・CDであれ、20世紀型の文化産業の多くはこの「コピーを売ってお金を貰《もら》う」というスタイルでした。映画館や放送番組のように、「見せてお金を貰う（あるいは広告とセットで見せて広告収入を稼ぐ）」モデルも、勝手にコピーが流通したら成立しませんから、「コピーを売る」モデルのバリエーションと言えるでしょう。こうした創作の営みを守るために著作権という制度があるのだという考え方で、よく「インセンティブ論」などと言われます。

インセンティブ論はしばしば、「だから創作者の収益に関係ないところでは権利を及ぼす必要はない」という形で、不必要な権利強化に歯止めをかける形でも機能します。そうであれば、当の創作者側が処罰を望んでいない時に、国家が独自の裁量で起訴・処罰できるという非親告罪化は、なかなか正当化されにくそうですね。

非親告罪化に限らず、この連載でも登場した盗作の境界線（第6章・第7章）とか、私的複製や引用の基準（第8章・第9章）とか、著作権の保護期間（第15章）とか、海賊版の是非論（第16章）とか、二次創作の限界（第19章）とか、まさに著作権をめぐるほとんど全ての論点は、こうした「著作権は何のためにあるのか」の視点とは切っても切り離せないのです。

ビジネスモデルが変わるとき、ルールも変わる

そして「収益の確保」という視点で考える以上、著作権は変わり続ける情報化社会と無関係ではいられません。かつて、作品を複製するという行為は誰にでも出来ることではなく、コピーは希少でした。その時代には、「無断でコピーを取ると違法」という著作権の仕組みは機能させやすかった。

しかし、今やコピーは誰でも廉価・高速・高品質でおこなえます。その流通もネットを通じていたって容易です。いわば誰でも身元をある程度隠して、出版社・書店にも、レコード会社にも、TV局にもなれる時代です。そして、その恩恵はあまりに大きい時代です。

誰でも情報発信者になれ、かつコンテンツのコピー流通を止めることも事実上難しい。だから著作権は容易に守れないし、守ったところで利益も小さい。「情報化社会の中で著作権は機能不全を起こしている」と言われるゆえんです。この本の中でご紹介した多くの論争やトラブルも、つまりは社会の変化と著作権という制度の軋轢《あつれき》だと言えそうです。

別な言い方をすれば、今、コンテンツのビジネスモデルは大きく変わりつつあります。著作権が創作のビジネスモデルを守る制度だとすれば、ビジネスモデルが変われば著作権も変

わらざるを得ないのは当然ですね。

では、我々は著作権をどう変えていくべきなのか。

この点では色々な議論があり、詳細は拙著『著作権の世紀』でご紹介しました。たとえば、かつて日本発の「**超流通**」という提案が話題を集めました。これは1983年に筑波大学の森亮一《りょういち》教授が提唱した大変先駆的な概念で、ラフに示せば、（1）コピー防止などの技術で情報の流通を止めるのはやめ、自由に流通させる。（2）その代わり、料金やどこまでの二次創作を許すかといった使用条件は提供者が自由に指定できる。（3）ソフトウェアなどをユーザーが使用した場合、自動的に使用が認識され、アクセス料が課金されて権利者に渡る、というものです。

たとえば1回電子書籍を読めば50円、という形です。レンタルCDやレンタルコミックである意味実現されていることを、より洗練された形で広げようとした発想とも言えるでしょう。

……すごいですね。これだけ先進的なアイディアがそんなに以前に生まれていたとは驚きです。インターネットどころか「マルチメディア」の時代です。Windowsもまだなくて MS-DOSなどで、5インチフロッピーは文庫本より大きいのに「ミニ」と呼ばれていた時代に、そんなことを考えた日本人がいたのですね。さすがに早過ぎて、この時にはそのまま現実化はしなかったアイディアでしたが、今、世界は確実にこの方向を指向しています。

つまり、何らかの法制度や技術によって、流通は出来る限り自由にしてユーザーが作品にアクセスできるようにし、代わりに創作者への還元をはかる発想です。その際のキーワードは、「**オプトアウト**」という概念です。これは原則としてすべての作品を流通のシステムに乗せて良いことにし、権利者は申し出れば自分の作品を対象からはずせるようにする仕組みを指します。

従来の著作権の考え方（＝まず許可を得てそれから利用できる）とは逆で、「デジタル化時代の鍵《かぎ》を握るのはオプトアウトだ」と言われます。その実現を支えるのは、無数にある著作物の権利者が搭載された「**権利情報のデータベース**」がしっかり整備されていること、そして人々がアクセスした際にスムーズに課金される仕組みづくりでしょう。

これ自体、実現にはまだ課題も多いですし、「いつどんな作品を読んだか把握される社会は危ない」という指摘もあります。正解は一つではないでしょう。たとえば第13章で紹介した権利の集中管理にもヒントがありますし、第14章で話したパブリック・ライセンスにも示唆はあります。

どうか、「デジタルで作品流通は自由になった。であれば、そんな未来の著作権もおもしろいかもしれない」と想像する心を大事にしてください。情報化社会の鍵を握る著作権は、上から与えられて無批判に従うだけのルールではありません。私たち自身が、次世代の姿を構想していくべきルールです。

ただしそれは、ルールを自ら引き受けようという責任を伴うものです。

情報化社会とそれを取り巻くルールは今、大きな変革期を迎えています。次の時代の著作権を考えること。それは曲がり角の先の未来を創造すること、そのものなのです。

【レビュー（20）】

（1）著作権侵害を、権利者の刑事告訴なしで起訴・処罰できるようにしようという「非親告罪化」は、著作権の存在理由を巡るさまざまな議論を呼び起こす。

（2）著作権を、主にクリエイターの収益確保の手段ととらえる「インセンティブ論」の立場からは、ビジネスモデルの変化にあわせて著作権を柔軟に見直すことが要請される。

チェックテスト (20)

あなたなら、本書で学んだ著作権と情報流通の仕組みをどう変えてみたいか。1分間考えよう。

あとがき

筆者の6冊目にあたる新書をお届けします。

執筆の動機は、今回は冒頭で記したので繰り返しません。初めて、10代の読者を想定し、また初めて、新書化を念頭に連載記事という形で執筆したものです。ネットメディアの連載ということで、毎週の読者からのビビッドな反応がうれしく、恐らく今までで最も楽しい執筆作業でした。連載にお付き合い頂き、貴重な感想をお寄せ頂いた読者の皆さんと、週刊連載を支えて下さったＣＮＥＴ　Ｊａｐａｎ編集部の別井貴志編集長、藤井涼さん、井指啓吾さん、そして企画の実現に力を貸して下さった現朝日新聞社の上野純子さんに、心から感謝します。もとより、各記事はこれまで筆者が加わった様々なトピックのディスカッションや、「参考文献／図書案内」に記したほか多くの資料に依っており、そうした先人達と関係した全ての皆さんに感謝します（言うまでもなく、文責は筆者ひとりにあります）。

本書は入門書ですから、様々な例外や更に進んだ詳細に興味を抱いた読者は、「図書案内」に記した専門書などを読まれると良いでしょう。

数年かけて粘り強く筆者を口説き落とし、最後は連載後の怒濤《どとう》の編集作業を担って下さった筑摩書房新書編集部の吉澤麻衣子さんにも、最大級の感謝を。また、情報提供をしてくれた事務所メンバーでクリエイティブコモンズ・ジャパン理事の永井幸輔弁護士、作業をサポートしてくれた秘書の篠原（佐久間）理恵さん、そして最後にいつもながら家族の応援と協力に、感謝します。

本書の図版は、引用の条件を満たすと断定できずに許諾を得た2点を除いて、全て筆者の判断で選択し掲載したものです。

2014年師走　来る年に祈りを込めながら

福井　健策

【参考文献　兼　読書案内】

上阪徹『職業、ブックライター。』講談社、二〇一三年
ドミニク・チェン『フリーカルチャーをつくるためのガイドブック　クリエイティブ・コモンズによる創造の循環』フィルムアート社、二〇一二年
増田雅史・生貝直人『デジタルコンテンツ法制』朝日新聞出版、二〇一二年
紋谷暢男『JASRAC概論』日本評論社、二〇〇九年
ウィキペディア、カレントアウェアネス、パテントサロンほか各種ウェブ情報
コピライトほか専門誌、新聞各紙
別冊ジュリスト『著作権判例百選』各版
文化審議会など各審議会配布資料、政府各年度別白書

⊙もっと著作権法を勉強したい方に

島並良・上野達弘・横山久芳『著作権法入門』有斐閣、二〇〇九年
野口祐子『デジタル時代の著作権』ちくま新書、二〇一〇年
福井健策『著作権とは何か――文化と創造のゆくえ』集英社新書、二〇〇五年
福井健策『著作権の世紀――変わる「情報の独占制度」』集英社新書、二〇一〇年

⊙更に詳しく著作権法や実務を勉強したい方に

安藤和宏『よくわかる音楽著作権ビジネス　基礎編』『同　実践編』リットーミュージック、二〇一一年
加戸守行『著作権法逐条講義　六訂新版』著作権情報センター、二〇一三年
斉藤博『著作権法　第3版』有斐閣、二〇〇七年
白田秀彰『コピーライトの史的展開』信山社、一九九八年
田村善之『著作権法概説　第2版』有斐閣、二〇〇一年
中山信弘『著作権法　第2版』有斐閣、二〇一四年
名和小太郎『ディジタル著作権』みすず書房、二〇〇四年
小倉秀夫・金井重彦編著『著作権法コンメンタール』レクシスネクシス・ジャパン、二〇一三年
半田正夫・松田政行編『著作権法コンメンタール1〜3』勁草書房、二〇〇九年　及び　池村聡ほか・同別冊
福井健策編著『エンタテインメントと著作権』シリーズ1〜5巻　著作権情報センター、二〇〇六〜二〇一四年
福井健策『「ネットの自由」vs.著作権——TPPは、終わりの始まりなのか』光文社新書、二〇一二年
福井健策『誰が「知」を独占するのか——デジタルアーカイブ戦争』集英社新書、二〇一四年

索　引

あ行

か行

さ行

た行

な行

は行

ま行

や行

ら行

chikuma primer shinsho

ちくまプリマー新書 225

18歳《さい》の著作権入門《ちょさくけんにゅうもん》

二〇一五年一月十日　初版第一刷発行
二〇二五年四月十日　初版第八刷発行

著者　福井健策（ふくい・けんさく）

装幀　クラフト・エヴィング商會

発行者　増田健史

発行所　株式会社筑摩書房
東京都台東区蔵前二－五－三　〒一一一－八七五五
電話番号　〇三－五六八七－二六〇一（代表）

印刷・製本　株式会社精興社

ISBN978-4-480-68928-3 C0200　Printed in Japan